Elie Wiesel

Von Gott gepackt

Prophetische Gestalten

Herder Freiburg · Basel · Wien

Die amerikanische Originalausgabe erschien unter dem Titel
Five Biblical Portraits
University of Notre Dame Press, Notre Dame – London 1982
© Elie Wiesel 1981

Aus dem Amerikanischen übersetzt von
URSULA SCHOTTELIUS

Umschlaggestaltung unter Verwendung einer Aquarellzeichnung
von Emil Wachter

Alle Rechte vorbehalten – Printed in Germany
Für die deutsche Ausgabe:
© Verlag Herder Freiburg im Breisgau 1983
Satz: F. X. Stückle, Ettenheim
Druck und Einband: Freiburger Graphische Betriebe 1983
ISBN 3-451-18121-5

Inhalt

Josua oder die Tragik des Siegers 5

Elias oder eine Ahnung der Unsterblichkeit 34

Saul, einzigartig im Leben und im Tod 66

Jeremias oder die Pflicht,
auf die Zukunft zu setzen 91

Jona oder die Chancen des Menschen 119

Für André Neher in Jerusalem
und
Robert McAfee Brown in Kalifornien

Josua
oder die Tragik des Siegers

„Vayehi aharei mot Moshe eved adoshem – Und es begab sich, daß, als Moses, der Knecht Gottes, starb", „,vayomer adoshem el Yeoshoua ben Nun mesharet Moshe leemor – Gott Josua, dem Gehilfen Moses', Sohn des Nun', folgendes sagte: ,Moses ist gestorben, und du bist nun sein Nachfolger und deines Volkes Führer; so mache dich auf und zieh über den Fluß Jordan; geh und besetze das Land, das Ich für die Kinder Israels bestimmt habe. Alle Stätten, auf die eure Fußsohlen treten werden, gebe ich euch, wie ich Moses versprochen habe. Euer Land soll sich erstrecken von der Wüste und dem Libanon bis an den großen Fluß Euphrat – das ganze Land der Hethiter – bis hinauf zum Mittelmeer ... Es soll dir niemand widerstehen können dein Leben lang. Wie Ich mit Moses gewesen bin, also will Ich auch mit dir sein. Ich will dich nicht verlassen, noch von dir weichen.'"

So beginnt die Schilderung eines ungewöhnlichen Abenteuers, das noch heute in uns nachklingt und auch in unseren Zeitungen immer wieder erwähnt wird: ein noch junges und dynamisches Volk, ohne feste Heimstatt, macht sich auf, ein Land in Besitz zu nehmen, das noch von andern Stämmen und Völkern bewohnt ist, im Namen eines alten Versprechens und im Auftrage eines höheren unerforschlichen Willens.

Dieses erste Kapitel des Buches Josua ist Einleitung und Vorbild für alles Folgende.

Gott, Moses, Josua, Israel: vier Gestalten aus der Besetzung eines großen Dramas, das noch nicht beendet ist und es nie sein wird. Nur ihr Zusammenspiel kann sich ab und an ändern. Manchmal scheinen sie alle vier auf der gleichen Seite zu stehen, aber nur manchmal. Gott ist Gott und Gott ist eins – und Er beherrscht alle anderen, was Ihm wohl zusteht –, aber die anderen drei versuchen, zumindest gelegentlich, sich gegenseitig zu beherrschen. Warum wird ausdrücklich zwischen Moses und Josua unterschieden? Warum wird Moses ‚eved adoshem' genannt und Josua ‚mesharet Moshe'? ‚Eved' bedeutet Diener, Sklave, Leibeigener, während ‚mesharet' Gehilfe oder Assistent heißt. Man kann ‚mesharet' einer anderen Person oder für jemand anders sein, aber ‚eved' kann man nur von Gott sein. Wir alle sind Seine Diener. Warum wird Josua durch seine Stellung zu Moses gekennzeichnet und nicht zu Gott? Und außerdem: warum wird in dem ganzen Kapitel, ja in dem ganzen Buch Josua sein Verhältnis zu Moses so betont? Allein im ersten Kapitel wird der Name Moses elfmal erwähnt und dreiundfünfzigmal in dem ganzen Buch. Warum?

Während die meisten echten Fragen Fragen bleiben, ist diese hier eine Ausnahme und kann beantwortet werden.

Erinnern wir uns: Moses war gerade gestorben. Im Himmel droben wird er von Engeln und Seraphim freudig begrüßt, die ihn als heimgekehrten Boten feiern, der eine Mission erfüllt hat. Die Himmel preisen ihn siebenmal, die Wasser preisen ihn siebenmal, die Feuer preisen ihn siebenmal.

Aber unten am Fuße des Berges Nebo weinen die verwaisten Kinder Israels in der Wüste. Und die ganze Schöpfung weint. Und in seinem Kummer vergißt Josua dreihundert Gebote, und siebenhundert Zweifel fallen ihn an. Das zurückgebliebene Volk, blind vor Schmerz und vielleicht auch von einem Gefühl der Schuld, möchte Josua in Stücke reißen, weil er Nachfolger seines Lehrers Moses geworden ist. Verständlich, daß der neu ernannte junge Führer immerfort an seinen berühmten Vorgänger denkt. Er ist seiner selbst und seines Wertes nicht sicher, noch seiner Verdienste. Wird er den Erwartungen Gottes entsprechen können? Wird er sich als fähig erweisen, das Werk fortzusetzen, das nur ein Moses beginnen konnte? Wird er führen können? Und wird das Volk gehorchen? Beide Aufgaben waren gleichermaßen schwierig: die erste, die Juden aus Ägypten herauszubringen, und die zweite, sie in das ihnen versprochene Land zu geleiten. Es war genauso problematisch, die erste Generation freier Juden anzuführen, wie Führer der letzten Generation jüdischer Sklaven zu sein.

Die Ermahnung „Hazak veematz – Sei stark und mutig" wird im ersten Kapitel dreimal wiederholt, zweimal von Gott selbst und einmal vom Volk. Zweifeln sie an Josuas Stärke und Mut? Sogar nach Moses' Tod scheint er immer der Stellvertreter zu bleiben. Der Schüler hat sich noch nicht von seinem Meister befreit. Er fühlt sich unfähig und vielleicht unwürdig, sein eigenes Schicksal als Führer anzunehmen.

Und deswegen stärkt Gott Josuas Selbstbewußtsein, indem Er ihm alles das verspricht, was er auch Moses versprochen hat, und sogar noch mehr. Moses hatte Gegner, sogar Feinde, Josua nicht. ‚Lo yityatzev ish lefanekha', sagt Gott. „Niemand wird je deine Autorität in Frage stellen." Welche Chance für einen politischen Führer, ohne Opposition, Intrigen und Verschwörungen regieren zu können. Nur Gott kann ein so außergewöhnliches Geschenk machen. Und da bei den Juden nichts ohne historische – und rhetorische – Begleitmusik vor sich geht, erinnert

Gott Josua an Seine früheren Versprechen und Verheißungen: „Das Land ist deines, Josua." Und er nennt sogar die Grenzen: „Alles das ist deines. Du wirst derjenige sein, der Israels Kriege zur Landnahme führen wird; und du wirst sie gewinnen."

Josua: der todesmutige Krieger, der tapferste Befehlshaber der jüdischen Geschichte und auch ihr siegreichster General. Kein Wunder, daß sein Name in der Ruhmeshalle von West Point als Israels erster und hervorragendster Stratege und Feldherr verzeichnet ist.

Aber warum wird er dann so von Zweifeln geplagt? Mit Gott, der Geschichte und dem Volk als Bundesgenossen, warum war er so unschlüssig? Gott hat ihn auserwählt, Moses ihn ernannt, das ganze Volk ihm zugejubelt, und dennoch war er seiner eigenen Rolle nicht sicher. Immer wieder mußte ihm gesagt werden „Hazak veematz – Sei stark und mutig", gerade ihm, der doch kraft seiner Stellung anderen Mut einflößen sollte.

Es steht außer Frage, daß er zuerst an sich zweifelte. Aber wie war es später? Ließen seine Zweifel nach? Und wann? Nach welcher Schlacht, nach welchem Sieg?

Josua: es ist etwas Geheimnisvolles um ihn. Er war ein tragischer und vielleicht mißverstandener Held trotz seines Ruhmes, denn immer wieder gab es in seinem Leben Ausbrüche verborgener, unerbittlicher Gewalt, und das im Dienste Gottes, dessen Name Frieden ist. Seine Biographie liest sich wie ein langes siegreiches und doch blutrünstiges Abenteuer und wirft grundlegende Fragen auf in bezug auf die jüdische Haltung zu Eroberung und Krieg. Wann ist Gewalt erlaubt, wann sogar geboten? Wann ist der Krieg gerecht? Wann ist er ein Fluch? Kann er je ein Segen sein – wenn ja, wann? Gibt es einen Zusammenhang – ist so etwas überhaupt möglich? – zwischen Israels geographischer Lage und jüdischer Moral?

Josuas Bedenken sind noch heute die unseren, seine Qual ist unsere Qual. Kann man zu weit gehen, um das eigene Überleben zu sichern? Er verkörpert den Übergang zwischen Sklaverei und Befreiung und muß für sich und sein Volk entscheiden, wo die Vergangenheit endet und die Zukunft beginnt, wann die Vision des Neuen und Tradition übereinstimmen, und wann der Konflikt beginnt.

Kein Abenteuer kann aufregender und anspornender sein, so voller Verheißungen und Leidenschaft. Josuas Name beschwört die Erinnerung an Shilo, Hebron, Jericho und viele andere biblische Namen, die in letzter Zeit wieder in der internationalen Diplomatie aufgetaucht sind. Wer darf sich in Hebron niederlassen: Juden oder Nicht-Juden? Sicher hat die Westbank Josua schlaflose Nächte bereitet. Seine Gegenwart ist unsere Vergangenheit und auch unsere Gegenwart.

Chronologisch und auch logisch folgt Josua auf Moses. Aber sein Bild ist sehr verzerrt worden, sein Name mit zu vielen Kriegen verbunden. In seinem Ehrgeiz, zu siegen, scheint er, wie viele Feldherren vor ihm und nach ihm, geglaubt zu haben, das Ziel rechtfertige die Mittel. Josua irritiert uns. Er ist in zu viele militärische Konflikte verwickelt, er schickt zu viele Männer ins Feld, um zu töten oder getötet zu werden, so daß er zum Inbegriff des siegreichen, aber gnadenlosen Eroberers wird, den wir, naiv, wie wir manchmal sind, lieber nicht unter den Gründungsvätern der jüdischen Geschichte hätten.

Wir lesen das Buch, das seinen Namen trägt, und gelangen dabei von einem Schlachtfeld zum anderen, hören von Hinrichtung und Erdrosselung, von Bestrafung und Vergeltung. Inmitten zerstörter Städte und entstellter Leichen wenden wir lieber die Augen ab. Prophetie und Poesie finden größeren Anklang als Kriege. Sogar die talmudischen Erzähler verschwenden nicht viel Aufmerksamkeit an Josua. Aber wenn wir beginnen, sein Porträt zusammenzusetzen und uns dabei verschiedener Quellen aus der Bibel und dem Midrasch bedienen, tritt uns ein anderer Josua entgegen.

Zunächst scheint es schwierig, sich mit seinen, zugegeben harten, Gesetzen abzufinden. Liest man aber dann die Lebensgeschichte genauer, die Legende seiner Legende, stößt man auf unvermutete Tiefen. Der siegreiche Eroberer erscheint als Mann mit Gefühl, als einsamer Mensch, dessen Herz schwer ist und traurig.

Das Buch Josua ist die umfassendste Kriegschronik der Geschichte. Dramatisch, spannend, bunt und informativ nimmt es einen einzigartigen Platz in der Heiligen Schrift ein. Obgleich höher geschätzt als viele andere Bücher, selbst die der Richter und Propheten, sind doch wenige so umstritten. Wer hat es geschrieben? Einige behaupten, Josua selbst, mit Ausnahme natürlich des letzten Kapitels, das seinen Tod und sein Begräbnis behandelt. Andere halten Samuel, Esra oder Nehemia für den Autor.

Der Horizont ist weit, der Leser intensiv beteiligt, das Tempo schnell und drängend. Sachlich und direkt geschrieben, ist das Buch ein dreiteiliger Bericht: die Eroberung des Landes, seine Aufteilung und der erneuerte Bund in Sichem.

Die Geschichte handelt von Josua, aber die überragende Gestalt des Moses ist auf jeder Seite, bei jedem Ereignis gegenwärtig; Moses ist der perfekte Lehrer, Josua der perfekte Schüler. Sie sind die wirklichen Helden der Geschichte, obgleich es noch andere, weniger berühmte und weniger wichtige gibt, die aber dennoch bedeutsam sind für den Verlauf der Geschichte. Einige sind ehrenhaft, andere böse.

Einige dürfen weiterleben, einige sterben in der Schlacht, andere danach. Es gibt eine Haupthandlung und daneben auch zweitrangige Verwicklungen, sogar einen Hauch von Romantik.

Wir verfolgen, wie Josua nach dem Bilde seines Herrn geformt wird und in seine Fußstapfen tritt. Wir kommen zu der Überzeugung, daß die beiden Führer sich in jeder Hinsicht glichen, daß sogar ihre Schicksale ähnlich, beinahe identisch waren. „Alles, was dem einen widerfuhr", sagt der Talmud, „widerfuhr auch dem anderen." Sie erlitten ähnliche Prüfungen, Enttäuschungen und Qualen; waren glücklich oder zornig aus den gleichen Gründen; schufen die gleichen Symbole und hegten die gleichen Träume, mit dem Unterschied, daß Josua tatsächlich das Gelobte Land erreichte. Der Geist Mose begleitete ihn aber auch dorthin. Der Text betont, daß Moses an allen Ereignissen, auch nach seinem Tode Anteil hatte. „Ebenso wie der Herr Seinem Diener Moses befohlen hatte, so hatte Moses Josua beauftragt, der alles ausführte; er ließ nichts ungetan von dem, was der Herr Moses befohlen hatte."

Der Ausdruck „wie der Herr Moses befohlen hatte" wird des öfteren wiederholt. Josua ist gewissermaßen der verlängerte Arm von Moses, der Vollstrecker seines Willens. Beide nahmen die gleiche Haltung gegenüber Gott und Israel ein. Moses gehörte zum Stamme Levi, fühlte sich aber für das ganze Volk verantwortlich; Josua gehörte zum Stamme Ephraim, stand aber für alle Stämme ein.

Beide schlossen feierliche Bünde, beide hinterließen Testamente, und beide starben, ehe ihre Aufgabe vollendet war. Desgleichen: beide erlebten – und wirkten – Wunder. Moses vielleicht ein bißchen mehr, aber die Josuas waren auch sehr eindrucksvoll. Was erregt größeres Aufsehen: ein Volk zu veranlassen, durch das Rote Meer zu ziehen oder Sonne und Mond zu befehlen, stillzustehen; Befehle, denen Folge geleistet wurde? Beide waren absolut engagiert und gläubig, doch Josua beginnt seine Karriere, wie er selbst sagt, als „Diener Moses'" oder als „Gehilfe". Erst später wird er zu Josua, Führer seines Volkes aus eigenem Recht. Zunächst mußte auch er sich bewähren.

Den Archäologen, Geographen und auch Militärhistorikern bietet das Buch unschätzbare Informationen. Moderne israelische Generale geben zu, daß einige ihrer militärischen Operationen zur Verteidigung ihres Landes vielleicht fehlgeschlagen wären, hätten sie nicht die Taktik Josuas gekannt. Auch Diplomaten und Politiker halten das Buch Josua für eine wertvolle Quelle. Der Talmud findet dort den jüdischen Rechtsanspruch auf das Land. „Hätten die Juden nicht gesündigt", sagt der Talmud, „wären nur die fünf Bücher Moses' und das Josuas übriggeblieben." Warum das Buch Josua? Weil es die nationalen und gesetzlichen Urkunden des jüdischen Volkes enthält. Jesaja, Jeremias, die Psalmen, Amos, Zephanja: ohne die Sünden unserer Vorväter wären sie nie veröffentlicht worden.

Und dennoch, dem Buch Josua fehlen visionäre Kraft und Leidenschaft, die bloße Wörter in eindrucksvolle Prosa und schicksalshafte Taten verwandeln. Es fehlt ihm auch an Poesie, genauer gesagt, seine Stärke liegt in der Darstellung der Fakten.

Vielleicht kommt deshalb Josua so schlecht bei den talmudischen Legendenerzählern weg, bei Dichtern und Schriftstellern. Vielleicht gibt es deshalb kein Werk der Weltliteratur, das Josua feiert – außer einem Negro Spiritual. Vielen jüdischen Intellektuellen fällt es schwer, sich für jemand zu erwärmen, dessen Leben so von Gewalt geprägt war und so wenig von Poesie.

Josua war hochfahrend, unnachgiebig und rücksichtslos, aber nur im Krieg. Er konnte auch sanft, liebevoll und großzügig sein. Wir erinnern uns seiner hauptsächlich in einer Rolle, der des militärischen Führers. Und doch war er auch Prophet, Richter und Herrscher. In der geheimen Bibel der Samariter wird er König genannt. Im ‚Pirke Avot', den „Sprüchen der Väter" werden seine Funktionen mit geistigen Begriffen umschrieben: Moses erhielt das Gesetz am Sinai und gab es weiter an Josua, der es seinerseits weitergab an die um ihn versammelten Ältesten, und die wiederum reichten es an uns weiter. Josua: lebendiger Vermittler zwischen Moses, Gott und der Ewigkeit.

Josua taucht in der Bibel unangemeldet auf. Plötzlich ernennt ihn Moses zum Führer eines militärischen Kommandos – dem ersten Israels –, um einen feindlichen Angriff zurückzuschlagen. Von diesem Augenblick an sind die beiden Männer unzertrennlich.

Josuas biografische Daten sind spärlicher als die der meisten anderen biblischen Gestalten. Wir sehen ihn nur im Scheinwerferlicht, wenn er zu Sonderaufgaben herangezogen wird. War er verheiratet? Wenn ja, was zweifelhaft ist, so hinterließ er keine Söhne, die seine Stellung hätten erben können. Einige Kommentatoren nützen die dichterische Freiheit und erzählen uns, er hätte Rahab geheiratet, die Frau, die Jericho berühmt machte. Aber warum sollte er sie geheiratet haben? Genauer gesagt, warum hätten einige talmudische Weise ihn gerne mit ihr verheiratet? Vielleicht weil Junggesellen gewöhnlich keine gute Presse in der jüdischen Geschichte haben, auf alle Fälle ist in der Heiligen Schrift keine Spur eines solchen Ereignisses zu entdecken, aber die Geschichte zeigt Josua und die Talmudisten als Romantiker: Josua erobert Jericho und wird seinerseits erobert von Jerichos attraktivster Frau.

Sein Vater hieß Nun und wird im Text nicht näher beschrieben. Während sonst in der Schrift Namen immer etwas bedeuten, sagt dieser gar nichts aus und taucht auch in der Bibel nicht mehr auf. Seine Mutter scheint gar keinen Namen gehabt zu haben.

Der Leser hat jedoch mehr Glück, wenn ihn seine Nachforschungen bis in die Phantasie des Midrasch führen. Dort findet er, wie stets, wenn auch keine Antwort, doch wenigstens – eine Geschichte. Am Anfang hatten die Hebräer keine Probleme in Ägypten. Es ging ihnen gut, und sie lebten in Frieden mit ihren Nachbarn ... Dann hatte ein Mann aus dem Stamme Ephraim einen Traum, in dem ihm Gott mitteilte, die Kinder Israels sollten in Freiheit leben und heldenmütige Krieger werden. Er erzählte diesen Traum seinen Freunden und diese wiederum ihren Freunden, bis sie sich schließlich entschlossen, gegen die ägyptische Knechtschaft aufzustehen und die Freiheit zu wählen. Und so begann alles: mit einem Traum, den Josuas Vater träumte. Mit anderen Worten: Josua hatte das Glück, nicht nur einen brillanten Lehrer zu haben, sondern auch einen phantasievollen Vater.

Die Bibel jedoch erwähnt nur den Lehrer und seinen unumschränkten Einfluß auf Josua. Tatsächlich gewinnt Josua erst Gestalt, als Moses seinen Blick auf ihn richtet.

Wir lesen: „Amalek griff Israel an, und Moses sagte zu Josua: ‚Wähle einige Männer aus, um den Angreifer in die Flucht zu schlagen.'"

Aus diesem Satz erfahren wir mehreres. Josuas Lebensgeschichte beginnt mit einem militärischen Auftrag. Ohne nach Erklärungen zu fragen, ohne ein Wort der Gegenrede, ohne den Befehl, an der Spitze unerfahrener Soldaten zu kämpfen, in Frage zu stellen, gehorchte Josua. Er griff Amalek an und schlug ihn. Zum ersten Mal in seiner kurzen Geschichte kämpfte Israel, und zum ersten Mal gewann es. Dieser erste militärische Sieg wurde als so wichtig angesehen, daß Moses den Befehl erhielt, ihn in seinem Buch aufzuschreiben.

Die Juden kämpften und gewannen, das klingt unglaublich. Die Angreifer hatten Waffen, besaßen auch Josua und seine Männer Waffen? Wenn ja, aus welchen Militärlagern und Arsenalen stammten sie? Von der ägyptischen Armee! Am Roten Meer hatten die Juden eine beträchtliche Beute an Juwelen und Edelsteinen gemacht und auch an Waffen, die Josua bei seinem Gegenangriff auf Amalek einsetzte. Wir wissen nicht, warum Josua für diesen ersten militärischen Einsatz ausgewählt wurde. Moses hatte wohl seine Gründe. Und doch ging er ein Risiko ein. Wenn Josua nun als Offizier nichts getaugt hätte? Wie konnte Moses riskieren, seine erste Schlacht mit Israels Erzfeind zu verlieren? Benutzte er seine prophetischen Gaben? Nein, nur seinen gesunden Menschenverstand. Wir wollen den Text noch einmal lesen: „Und Moses sagte zu Josua: ‚Geh und wähle einige Männer aus, um den Angreifer in die Flucht zu schlagen.'" Josuas erster Auftrag lautete nicht, selbst an der Schlacht teilzunehmen, sondern Männer dafür auszusuchen. Diesen Test hatte Moses für ihn vorbereitet: wen würde er wählen? Ein Anführer muß zuallererst die Gabe haben, fähige Leute zu erkennen und intuitiv zu wissen, wie, wo und wann sie einzusetzen sind.

Moses hatte recht. Josua war tüchtig, loyal, diskret und vertrauenswürdig. Er besaß alle Qualitäten eines perfekten Adjutanten oder Stabschefs. Die beiden Männer blieben zusammen und standen sich so nahe, wie es nur zwischen Lehrer und Schüler möglich ist. Für Josua war Moses vor allem der Lehrer. Und für Moses war Josua ein jüngerer Bruder, ein Verbündeter, ein Freund, auf den er sich immer verlassen konnte.

Josua war sehr jung, als Moses auf ihn aufmerksam wurde. Der Begriff ‚Naar' bedeutet Jüngling. Er verließ nie das Zelt, in dem Moses privat wohnte und seine offiziellen Arbeiten erledigte. Wenn Moses Besucher oder eine Delegation empfing, war Josua anwesend, desgleichen wenn Moses allein war, Auge in Auge mit Gott. Josua besaß die große Gabe, Moses nie zu stören, ihm nie auf die Nerven zu gehen; seine Anwesenheit beeinträchtigte nie Moses' verständliches Bedürfnis nach Einsamkeit.

Unter seinesgleichen war Josua ein Führer aus eigenem Recht. Als Moses die offiziellen Führer der zwölf Stämme aussandte, um das Land Kanaan zu erkunden, war Josua mit dabei. Dieses nachrichtendienstliche Unternehmen – das erste der Geschichte – endete kläglich. Erinnern Sie sich? Der Mehrheitsbericht war sachlich und negativ: er lautete, das Land ist schön, es ist reich, es ist das Land, wo Milch und Honig fließt, aber es gehört nicht uns, es gehört den Völkern, die dort leben, und die sind stark, es sind Riesen, in ihren Augen waren wir wie Heuschrecken.

Dazu der Kommentar des berühmten Rebbe Mendel aus Kotzk: „Warum zürnte Gott den Kundschaftern? Schließlich sagten sie die Wahrheit, zumindest die Wahrheit, wie sie sie sahen. Warum wurden sie bestraft?" Und er antwortete: „Gott zürnte nicht wegen des Tatsachenberichtes, sondern wegen der Interpretation. Was kümmerte sie die Meinung anderer Völker. Und wenn sie in deren Augen wie Heuschrecken wirkten, was soll's? Er zürnte, weil sie die Meinung der anderen überbewerteten – das war ihr Fehler und ihre Sünde." Josua und sein Freund Kaleb, Sohn des Jephunneh, stellten die Minderheit dar: zwei gegen zehn. Von den Zwölfen glaubten nur sie an die Zukunft. Sie schlugen sich auf die Seite von Moses, die Seite Gottes. Ihre Belohnung: als einzige derer, die Ägypten verließen, gelangten sie in das Gelobte Land.

Dann tritt Kaleb in den Hintergrund, und Josua beherrscht die Szene. Sendbote und Wortführer, Dolmetscher des göttlichen Willens, militärischer Befehlshaber, Meisterstratege und Taktiker: nichts geschieht ohne seine

Billigung, nichts wird unternommen, was er nicht abgesegnet hat.

Er ist seinem Meister in allem ähnlich mit dem Unterschied, daß das Glück stets auf seiner Seite ist. Unangefochten, über jede Kritik und Verdächtigung erhaben, hat er Erfolg, wo Moses versagte. Die Berichte seiner Kundschafter sind nicht negativ; er verläßt die Wüste, er hat keine Probleme mit seinem Volk – sie klagen nicht, sie suchen keine goldenen Kälber, sie bereuen nicht, das Exil verlassen zu haben, sie ertragen willig die Härten des Krieges, die geforderte Disziplin. Mit seltenen Ausnahmen erweist sich das Volk seiner Sendung würdig. Es ist sich offenbar bewußt, in einer besonderen Zeit außergewöhnlicher Entscheidungen zu leben.

Während Moses unzählige Krisen und Qualen durchmachen mußte, manchmal war Gott dafür verantwortlich, manchmal Israel, aber meistens beide, war für Josua alles einfach. Im Krieg ist alles einfach: was ist denn Krieg anderes als eine schreckliche Vereinfachung?

Wenn Israel das Gesetz befolgt, gewinnt Israel. Wenn Juden es übertreten, verlieren sie. Daher hielt es Josua für nötig und angemessen, seinem Volk aus der Thora vorzulesen, ehe er sie in die Schlacht führte. Ergebnis: seine Männer kämpften besser, weil sie wußten wofür und für wen.

Aber es genügt nicht immer, Gott auf dem Schlachtfeld auf seiner Seite zu haben, man braucht auch militärisches Können – oder Genie –, um die von Gott angebotenen Chancen nutzen zu können. Und Josua war ein militärisches Genie. Seine Kriege rollen ab, wie im Lehrbuch vorgesehen. Militärisch betrachtet, ist Josua nicht zu überbieten.

Wenden wir uns seinem ersten Feldzug, seiner ersten allein verantwortlichen militärischen Operation zu, der Einnahme der stark befestigten Stadt Jericho. Wegen ihrer geographischen Lage ist die Eroberung von ausschlaggebender Bedeutung. Sicher war Josua versucht, um ein Wunder zu bitten, entscheidet sich aber dann für Taktik. Zunächst schließt er einen engen Belagerungsring um die Stadt. „Keiner kam heraus und keiner hinein." Dann gelingt es ihm, Spione hineinzuschmuggeln mit dem Auftrag, über die Verteidigungsmaßnahmen zu berichten sowie über die Waffen und Kampfmoral der Verteidiger. Auch hier haben seine Späher mehr Glück als die Moses', denn sie stoßen auf eine schöne Frau, ohne die kein Spionageroman auskommen kann. Sie heißt Rahab; sie ist von Natur und von Beruf gastfrei. Sie rettet sie vor Jerichos Gegenspionage, versteckt sie während der Durchsuchung und hilft ihnen, in Josuas Hauptquartier zurückzukehren. Als Lohn wird ihr versprochen, daß ihr Leben geschont werde.

Zweite Phase: Josua spricht zu der Truppe und dem ganzen Volk. Um ihr nationales Selbstgefühl zu stärken, erinnert er sie an ihr geistiges Erbe und an die noch bevorstehenden Wunder; ein Meister symbolischer Handlungen, weiß er sie eindrucksvoll einzusetzen: zwölf Steine – Symbol der zwölf Stämme – werden über den Fluß getragen; die Männer werden beschnitten, auch ein zweites Mal; da es gerade der Monat Nissan ist, wird das Passahfest gemeinsam unter dem blauesten aller Himmel gefeiert. Josuas Absicht ist klar: er will seinem Volk die unbedingte Überzeugung einpflanzen, daß seine Sache gerecht ist und die Erfüllung seiner Mission heilig. Von dem Augenblick an, als sie den Jordan überschreiten, betreten sie heiligen Boden in einer heiligen Zeit.

Dritte und letzte Phase: der Angriff auf die belagerte Stadt wird mit intelligenten und wirksamen Methoden psychologischer Kriegführung vorbereitet. So wie die Geschichte im Buch Josua erzählt wird, wirkt sie durchaus realistisch. Man sieht die Front vor sich, beobachtet die

Verteidiger, spürt die Erwartung der stürmenden Truppe, hört die Befehle; man hat das Gefühl, als Augenzeuge vor Ort oder gar selbst beteiligt zu sein.

„... Und Gott sagte zu Josua: ‚Laß alle deine Truppen an sechs Tagen je einmal um die Stadt marschieren. Sieben Priester sollen mit sieben Widderhörnern vor der Bundeslade einhergehen. Am siebten Tag marschiere siebenmal um die Stadt, und die Priester sollen die Hörner blasen. Und sobald ein lauter Hornstoß ertönt und ihr ihn hört, soll das ganze Volk ein mächtiges Feldgeschrei machen. Darauf werden die Stadtmauern zusammenfallen, und das Volk soll hineinsteigen, ein jeglicher stracks vor sich.'

Josua, Sohn des Nun, rief darauf die Priester zu sich und sagte ihnen: ‚Traget die Lade des Bundes und laßt sieben Priester mit sieben Widderhörnern der Lade des Herrn vorangehen.' Zum Volk aber sprach er: ‚Ziehet hin und gehet um die Stadt und die Vorhut marschiere vor der Lade des Herrn.' Als Josua solches dem Volk gesagt hatte, schritten die sieben Priester vor der Lade und bliesen ihre Hörner, und die Bundeslade folgte ihnen nach. Die Vorhut marschierte vor den Priestern, die ihre Hörner bliesen, und die Nachhut folgte, und die Hörner erklangen die ganze Zeit. Dem übrigen Volk aber hatte Josua befohlen: ‚Ihr sollt nicht schreien, noch eure Stimme hören lassen, noch soll ein Laut von euren Lippen kommen bis zu dem Augenblick, da ich befehle: „Schreit!" Dann sollt ihr schreien.'

Also ging die Lade des Herrn rings um die Stadt einmal; dann kamen sie ins Lager zurück und blieben dort über Nacht. Josua erhob sich frühzeitig am nächsten Morgen; und die Priester trugen die Lade des Herrn, während sieben Priester vor der Bundeslade marschierten und dabei in ihre Hörner stießen. Die Vorhut zog ihnen voraus, und die Nachhut marschierte hinter der Lade des Herrn. Währenddessen ertönten die Hörner die ganze Zeit. Und so marschierten sie auch den zweiten Tag um die Stadt und kehrten dann ins Lager zurück. Also taten sie sechs Tage.

Am siebenten Tag erhoben sie sich bei Tagesanbruch und marschierten siebenmal um die Stadt, das war der einzige Tag, an dem sie siebenmal um die Stadt gingen. Bei der siebenten Runde, als die Priester ihre Hörner bliesen, befahl Josua dem Volk: ‚Macht ein Feldgeschrei, denn der Herr hat euch die Stadt gegeben ...' Als das Volk den Klang der Hörner hörte, erhob es ein mächtiges Geschrei, und die Mauern fielen zusammen. Das Volk stürzte in die Stadt, jedermann stracks vor sich, und sie nahmen die Stadt in Besitz."

Taktisch und psychologisch ist Josuas Operation ein Meisterstück. Man stelle sich die belagerten Einwohner vor, ihre Überraschung, ihre Verwirrung, ihre Aufregung und Angst. Sie verstehen nicht, was draußen vor den Mauern vor sich geht. Was tun die Belagerer? Warum umkreisen sie ständig die Mauern und warum schweigend? Warum greifen sie nicht an? Und warum wird die Stille immer lastender? Was bedeutet diese Stille, warum ist sie so drückend? Und warum wird sie plötzlich unterbrochen? Und warum stürzten die Mauern ein? Durch das Geschrei oder die vorangegangene Stille? Das Überraschungsmoment war so groß, daß die Festung kaum mehr bewaffneten Widerstand leistete. Sie wurde mühelos eingenommen.

Hier wird Josuas Größe noch militärisch bewertet, desgleichen seine Unzulänglichkeiten, denn die nächste Schlacht wird er verlieren. Er machte den Fehler vieler Generale im Laufe der Jahrhunderte, in neuen Kriegen noch die alten Schlachten zu schlagen. Der Angriff auf einen Ort, namens Ai, war unbesonnen. Josuas siegreiche Truppen waren zu selbstsicher. Wieder wurden zunächst Späher ausgesandt. Aber ihr Bericht war zu selbstzufrieden, zu optimistisch:

man kann sich beinahe ihr Lächeln vorstellen, als sie ihrem Befehlshaber mitteilen, er solle sich nicht beunruhigen, schließlich hätten sie ja das mächtige Jericho geschlagen. Diese winzige Stellung habe keine Aussicht, sich zu halten, sagen sie, wir brauchen nicht einmal unser ganzes Heer einzusetzen. Zwei- bis dreitausend Soldaten würden genügen. Eine klägliche Fehleinschätzung: die Offensive ist eine Katastrophe. Josuas Einsatztruppe wird zurückgeschlagen und sechsunddreißig Gefallene bleiben zurück.

Josua nimmt es schwer. Was ist falsch gelaufen? Wer hatte die Schuld? Warum wandte Gott sich ab? Was nützt es, ohne Gott oder gegen ihn zu kämpfen? Josua ist verzweifelt, aber Gott beruhigt ihn. Der Rückschlag ist nur ein vorübergehender, ein Zufall gewissermaßen. Israel hat gesündigt, das ist alles. Die Dinge liefen falsch, weil Israel vom rechten Weg abkam. „Wer sündigte?" fragt Josua. „Frage nicht Mich", antwortet Gott laut Talmud. „Für wen hältst du Mich, für einen Denunzianten?" Aber Gott hilft Josua, den Schuldigen herauszufinden.

Das ganze Volk erschien vor Josua und marschierte Stamm für Stamm vor ihm auf, Haushalt für Haushalt. Schließlich fand Josua den Sünder in dem Stamme Juda, in der Familie des Achan, ja in ihm selbst, der schließlich bekennen mußte: „Ich sah unter der Beute einen schönen babylonischen Mantel, zweihundert Silberlinge und eine fünfzig Lot schwere Goldstange. Und ich begehrte das alles und nahm es an mich. Es ist verscharrt in der Erde in meinem Zelt und das Silber darunter." Weiter: „Da nahm Josua und mit ihm das ganze Israel Achan, den Sohn Serahs, samt dem Silber, dem Mantel und dem Gold, dazu seine Söhne und Töchter, seine Ochsen, Esel und Schafe, sein Zelt und alles, was er hatte, und führten sie hinauf in das Tal Achor. Und Josua sprach: ‚Weil du so ein Unheil über uns gebracht hast, wird der Herr heute auch Unheil über dich bringen.' Und das ganze Israel bewarf ihn mit Steinen und verbrannte sie alle und steinigte sie."

Nun plante Josua eine neue kühne Offensive. Dreißigtausend Mann, alles tapfere Krieger, lagen versteckt hinter der Stadt, während Josua und sein Kommando scheinbar frontal angriffen. Wie beim ersten Mal kamen die Soldaten von Ai heraus, um Josua zurückzuschlagen, und seine Männer flohen, wie beim letzten Mal. Die Soldaten von Ai gingen in die Falle und machten den gleichen Fehler wie zuvor Josua. Sie verhielten sich genauso wie in der ersten Schlacht und verfolgten die Angreifer, die sie immer weiter von der Stadt weglockten. Als Josuas Hauptmacht von 30 000 Mann aus dem Hinterhalt hervorstürzte und die leere Stadt in Besitz nahm, war es für die Verteidiger zu spät, kehrtzumachen. Sie wurden zwischen zwei Heeren aufgerieben und schnell vernichtet.

Die Schlacht von Jericho war das erste Zeichen von Josuas militärischer Begabung, die von Ai ihre Bestätigung. Sein Stern stieg immer höher. Eine gute Planung, kühne Operationen und ein Geist von Kameradschaft, Solidarität und Selbstaufopferung führten zu immer neuen Siegen.

Josua war der vollkommene Befehlshaber. Er verließ nie seine Truppe, er gab immer ein Beispiel. Wahrscheinlich war er der erste jüdische Offizier, der mit dem Ruf: „Acharai – folgt mir!" seine Männer in den Krieg führte. Vor dem zweiten Angriff auf die Festung Ai arbeitete er in der Nacht noch die letzten Einzelheiten aus. Der Text ist so bildhaft, daß wir ihn vor uns sehen, wie er im Lager umhergeht, die Kompanien inspiziert, mit den Offizieren spricht. Anstatt mit der zunächst untätigen und sicher im Hinterhalt liegenden Truppe zu warten, führt er den gefährlichen Frontalangriff an. Außerdem machte er sich die Mühe, vorher dem ganzen Heer jeden Abschnitt jeder Operation, jede Bewegung zu erklären. Er schloß sie in den Entscheidungsprozeß ein, gab ihnen ein Gefühl des Stolzes und der Verantwortung. Fürchtete er nicht, jemand könne ihn verraten, seine militärischen Geheimnisse an den Feind verkaufen? Wie konnte er jedem Mann und jeder Frau vertrauen? Wie konnte er eines ganzen Volkes sicher sein? Er war sicher, und auch darin lag seine Größe. Was er auch tat, er tat es mit den Soldaten, mit ihren Offizieren und ihren Familien; nie war Israel so einig wie unter Josuas Herrschaft. Das Volk war dafür empfänglich; sie folgten ihm nicht blind, sondern mit weit offenen Augen. Und zusammen marschierten sie vorwärts. Schnell, verwegen und unberechenbar tauchten Josua und seine Männer immer dort auf, wo der Feind sie am wenigsten erwartete, schlugen zu und marschierten weiter. Unwiderstehlich und unerbittlich, unerbittlich und erbarmungslos.

Einunddreißig Könige und ihre Heere hielten das Land Kanaan besetzt; Josua besiegte sie alle, nicht einer überlebte. Einige wurden in Schlachten erschlagen, einige aufgehängt. Manchmal erscheint seine Brutalität unnötig. Fünf Könige verbargen sich in einer Höhle, während der Kampf noch tobte. Josua verschloß den Höhleneingang und kehrte auf das Schlachtfeld zurück. Als alles vorüber war, präsentierte er die fünf königlichen Gefangenen dem Volk und befahl seinen Offizieren, „vorzutreten und den Fuß auf die Nacken dieser Könige zu setzen". Danach wurden die fünf geschlagenen Herrscher gepfählt und getötet.

Warum solche Brutalität? Warum so wenig Großmut gegenüber dem geschlagenen Feind? Warum enden alle Schlachten Josuas in Massenexekutionen und Gemetzel? Man liest Josuas Heldentaten, bewundert sie, ist aber doch beschämt. Wieder und wieder fragt man: warum, warum? Warum vernichtete er alle Bewohner Jerichos? Warum erschlug er alle Bürger von Ai?

Man könnte argumentieren, daß Josua nicht weniger rigoros mit seinem eigenen Volke umging. Man könnte Achan als Zeugen anführen: Er war Jude, gehörte zu einer angesehenen Familie eines angesehenen Stammes, und doch wurde er bestraft, als er sündigte, dafür bestraft, daß er Gottes Befehl übertrat, sich nicht an dem Unglück eines anderen Volkes zu bereichern, daß er nicht sofort seinen Fehltritt bekannte und daher ein ganzes Volk in Mißkredit gebracht und den Eindruck erweckt hatte, Israel kämpfe für Gold und Silber und nicht um sein geschichtliches Überleben.

Aber man kann das Argument auch umkehren: die Bestrafung war zu hart. Wenn Achan angeklagt und verurteilt wurde, so verdiente er es. Aber warum wurde seine Familie gesteinigt? Warum wurden seine Kinder bestraft? Und warum stellte niemand die Rechtmäßigkeit dieses Urteils in Frage? Wo blieben die ewigen Protestierer, auf die wir stets zählen konnten und noch heute können, die im Namen von Wahrheit und Gerechtigkeit, im Namen des Gewissens ihre Stimme erhoben?

In der Tat, Josua handelte auf Befehl Gottes. Aber warum war Gott so grausam? Warum waren Seine Befehle so erbarmungslos?

Natürlich könnte man sagen: Warum Josua tadeln? Man sollte den Krieg verantwortlich machen. Er führte nie Krieg um des Krieges willen. Er haßte den Krieg und versuchte, ihn zu vermeiden. Ja, er versuchte. Ehe er zur Eroberung Kanaans auszog, ließ er den dortigen Königen drei Briefe mit drei Optionen zukommen: das Land zu räumen, dazubleiben und sich jüdischer Herrschaft zu unterwerfen oder – und das war die dritte und letzte – zu bleiben und zu kämpfen.

Einige wählten das Exil. Der byzantinische Historiker des 6. Jahrhunderts, Procopius, erwähnt einige Phönizier, die aus Furcht vor Josua Kanaan verließen und nach Ägypten gingen. Von dort aus zogen sie nach Libyen, wo sie sich an einem Ort namens Tigisis niederließen und wo angeblich zwei Marmorsäulen mit folgender Inschrift gefunden wurden: „Wir flohen vor Josua ben Nun's Räubern." Der Talmud erwähnt einen anderen Stamm, den von Loz, der klug genug war, Josuas Befehl ernst zu nehmen und freiwillig in ein fernes Land zu ziehen. Als Belohnung, heißt es im Talmud, entgingen alle Stammesmitglieder für alle Zeiten dem Engel des Todes.

Da gab es noch die Gibeoniten, die dablieben, sich der jüdischen Herrschaft unterwarfen und in Frieden lebten.

Aber die meisten beschlossen, zu bleiben und zu kämpfen. Josuas Truppen waren gering an Stärke: Gnade wäre als Schwäche mißdeutet worden. Sie mußten rücksichtslos sein. Töten oder getötet werden: das war allgemeingültiges Gesetz, das Gesetz des Schicksals. Um Kanaan zu erobern, mußten seine Bewohner weichen. So wollte es Gott. Wären die Eingesessenen geflohen oder hätten sich unterworfen, wären sie am Leben geblieben. Mit anderen Worten, es war ihre eigene Entscheidung und eine Dummheit, Widerstand zu leisten.

Natürlich könnte man auch anders fragen: Welches Recht hatte Josua, sie vor eine solche Wahl zu stellen? Gehörte das Land nicht ihnen? Nein, behauptet der Talmud, das Land Kanaan gehörte seit der Erschaffung der Welt den Israeliten; die Kanaaniter hatten das Land nur vorübergehend in Besitz. Also waren Josuas Kriege nicht Angriffs- oder Eroberungskriege, sondern eine Rückeroberung des rechtmäßigen Eigentums. Damals teilten alle Juden diese Überzeugung, sie kehrten heim, sie waren keine Eindringlinge. Deswegen erinnerte sie Josua immer wieder an Gottes Bund mit ihnen und Sein Versprechen: Ihr Kampf gehörte zu einem göttlichen Plan, in dem das Volk und das

Land Israel eins waren. Hätte sich Josua als Eindringling in Kanaan gefühlt, hätten er und seine Männer nicht so mutig gekämpft.

Aber nun zu den damaligen Bewohnern Kanaans. Waren sie nicht trotzdem Opfer? Ja, Gottes Opfer. Es war Gott selbst, der ihr Land an Abraham und seine Kinder gab; damit wurde die erste Ungerechtigkeit begangen. Was später geschah, war nur noch Interpretation. Ohne diesen geschichtlichen Rahmen gesehen, sind Josuas Kriege unzulässig, sogar unverständlich, aber im Lichte der Geschichte betrachtet, konnte er nicht anders handeln.

Israel war von Kanaanitern besetzt, also war es Josuas heilige Pflicht, das Land zu befreien: für ihn war der Eroberungskrieg ein Befreiungskrieg.

Die Kanaaniter hatten vielleicht ihre eigenen Chronisten, die die Ereignisse von ihrem Standpunkt aus beschrieben. Wir kennen die jüdische Version aus dem Buch Josua, dem es sowohl an Objektivität wie an dichterischem Schwung fehlt. Das Buch ist anregend, aber nicht mitreißend – warum? Es fehlt ihm die besondere prophetische Dimension, die wir in allen anderen Büchern unserer heiligen Tradition finden – warum?

Hier müssen wir die Frage des Krieges und der jüdischen Auffassung vom Krieg aufwerfen. Juden sind gegen Krieg und sind es immer gewesen. Der Grund liegt auf der Hand. Seit der Zeit Josuas haben stets die Juden verloren, wenn zwei Völker gegeneinander kämpften, gleichgültig wer schließlich gewann. Religions- oder Territorialkriege, ideologische oder rassische, die Juden gerieten stets ins Kreuzfeuer, fanden sich wieder bei den Geschlagenen, den Opfern. Kein Wunder, daß sie vor allem nach Frieden strebten.

In der jüdischen Tradition nimmt Kriegsliteratur einen

erstaunlich geringen Umfang ein: alte militärische Handbücher sind verschwunden. Dagegen ist kein Thema umfassender und häufiger behandelt als das des Friedens. Das Siegel Gottes ist Wahrheit, Sein Name Frieden. Nach dem Midrasch schuf Gott das Universum zu dem einzigen Zweck, der Menschheit den Frieden zu bringen. Alles, was in der Thora enthalten ist, muß dem Frieden dienen; selbst die Abschnitte, die von jüdischen Kriegen handeln, waren nur geschrieben, um den Frieden zu bewahren. Alle von Gott den Menschen verliehenen Tugenden sind begrenzt, sagt der Midrasch, mit zwei Ausnahmen: der Thora und dem Frieden, die grenzenlos sind und sein müssen.

Der Talmud gestattet Lügen nur, wenn sie dem Frieden dienen. Der Sifrei geht noch weiter, danach können um des Friedens willen Götzen verehrt werden und Heiden Tribut erhalten.

Keine Tradition, keine Geschichte ist so auf Frieden ausgerichtet wie das Judentum. Kain und Abel? Zwei Brüder führen Krieg: wer tötet, tötet stets seinen Bruder. Ergebnis: kein Krieg galt je als heilig, selbst wenn er unbedingt notwendig war, wurde er immer als Fehler betrachtet, als Verleugnung von Gottes Namen.

Natürlich haben auch die Juden ihr Kontingent an Helden: Samson, Saul, David, die Makkabäer und Bar-Kochba, aber alle standen für mehr als Tapferkeit im militärischen Sinne: sie repräsentierten auch einen anderen Grad von Geistigkeit. Und selbst so gesehen, sollte man sie zwar bewundern, aber nicht unbedingt nachahmen. Weise Männer, nicht Krieger waren jüdische Vorbilder.

Krieg an sich ist böse. Er wirft den Menschen in die ursprüngliche Dunkelheit zurück. Immer war Krieg ein bequemer Vorwand, alle Gesetze und Verbote abzuschaffen und dem Menschen die Erlaubnis zu geben zu lügen, zu schänden, zu verstümmeln, zu demütigen und zu töten –

und alles mit gutem Gewissen. Im Namen des Krieges fühlt sich der Mensch frei und ist auch noch stolz darauf, soziale Verträge und göttliche Gebote zu brechen. Krieg wird zu einer primitiven Show: auf der einen Seite die Guten, die leben, auf der anderen die Bösen, die verschwinden müssen.

Und doch kann manchmal Krieg unvermeidlich und gerechtfertigt sein, d.h. ein Verteidigungskrieg, vom König beschlossen und vom gesamten Sanhedrin gebilligt. Nur in diesem Falle waren die jüdischen Führer ermächtigt, die totale Mobilmachung und den Notstand auszurufen. Nur in diesem Falle mobilisierten die Juden alle Kräfte, selbst der hochgestimmte Bräutigam wurde von der Hochzeitszeremonie weggerufen. Wenn das Volk in Gefahr ist, muß jedermann Unmögliches zu seiner Rettung vollbringen. Wenn es ums Überleben ging, kämpften die Juden, und zwar gut. Von Josua bis zu unseren heutigen Helden mußten die Juden lernen, sich zu verteidigen.

Und das war doch wohl die Lage zur Zeit Josuas. Hatte er eine Wahl? Zu jener Zeit war noch alles möglich. Josua hätte sich an Gott wenden und sagen können: „Herr des Weltalls, hör mich an, wenn Blutvergießen und Gewalt der Preis sind für nationale Unabhängigkeit, dann vielen Dank. Such Dir ein anderes Volk, nicht die Nachkommen Abrahams, Isaaks und Jakobs, nicht die Schüler Moses', die sie lehrten, zu leben und leben zu lassen." Dann wäre das Weiterbestehen des jüdischen Volkes Gottes Problem geworden, nicht mehr Josuas.

Aber Josua erhob keinen Einwand gegen den Krieg, und deswegen haben wir jetzt unser Problem mit ihm. Wie konnte er so viel Blut vergießen und mit so viel Gewalt vorgehen? Warum bat er, er, der die Sonne in Gibeon anhalten und den Mond im Tal von Ajalon warten hieß, nicht Gott, Israel das Gelobte Land mit Hilfe einiger altmodischer Wunder zu geben, die Ihn nicht viel gekostet hätten? Und damit wäre Israel – gar nicht zu reden von den Kanaanitern – das traumatische Erlebnis militärischer Eroberung erspart geblieben. Konnte Gott nicht in Kanaan dasselbe tun, was Er am Roten Meer getan hatte, nämlich für Sein Volk kämpfen, anstatt Sein Volk zum Kampf zu veranlassen?

Die Antwort ist einfach: Er hätte es gekonnt, tat es aber nicht. Er wollte es Israel nicht zu einfach machen. Das Volk Israel sollte das Land Israel besitzen wollen, dafür kämpfen, mit Blut dafür zahlen, jüdischem und nicht-jüdischem. Damit Israel zu einem Volk wurde, mußte es das tun, was andere Völker seit Urzeiten getan hatten. Vielleicht wollte Gott Israel diesen Krieg führen lassen, damit es ein für allemal den Geschmack am Krieg verlor.

Genauer gesagt: von Zeit zu Zeit reinigten sich Völker und Individuen von ihren angeborenen gewalttätigen, zerstörerischen und/oder selbstzerstörerischen Trieben. Einige taten das am Anfang ihrer Geschichte, andere später. Die Juden gehören zu der ersten Kategorie. Sie begannen ihr Abenteuer in der Menschheitsgeschichte als ein Eroberungsvolk, das nicht davor zurückschreckte, seine Träume auf den Niederlagen anderer Völker aufzubauen; später änderten sie sich und verwandelten das Judentum in ein machtvolles Streben nach Humanismus. Andere Kulturen taten das Gegenteil. Sie predigten zunächst Frieden, Brüderlichkeit und Liebe und frönten im Laufe der Zeit einer Zerstörung im großen Stil, und zwar im Namen von Frieden, Brüderlichkeit und Liebe.

Ja, Juden führten damals Krieg; das Buch Josua beweist es nur zu gut. Es handelt von Blutvergießen und Gewalt und besitzt keinen Hauch von Poesie. Aber gerade dieser Mangel an literarischem Glanz kann auch als Tugend angesehen werden. Josua gewann viele Schlachten, aber die Bibel rühmt sich ihrer nicht. Das gilt für alle jüdischen Kriege. Die Propheten weigerten sich, sie abzusegnen, die Dichter wollten ihnen keinen romantischen Schleier umhängen. Lieder wurden geschrieben, um Wunder zu preisen, aber nicht Kriege. In seiner Abschiedsrede an sein Volk, einem Rückblick über sein Leben, vermied Josua – und das ist bedeutsam – jede Erwähnung seiner Eroberungen: Man sollte sich seiner als Prophet erinnern, nicht als Eroberer.

Aus dieser Perspektive betrachtet, erscheint Josua verschlossen, einfallsreich, poetisch gesprochen unglücklich, ein Mensch, der sich nach Freundschaft, menschlicher Wärme und Heiterkeit sehnte. Der Traum des Träumers war in Erfüllung gegangen, oder wenigstens zum Teil – und was nun?

Josua war „alt und vom Alter gebeugt". Das Land „ruhte sich vom Kriege aus", doch „es blieb noch viel Land zu fordern und zu besetzen."

So lud Josua zum letzten Mal „ganz Israel, Seine Ältesten und Oberhäupter, Richter und Offiziere ein", um seine Abschiedsrede zu hören. Er wußte und sie wußten, daß es ihre letzte Versammlung war.

Was sagt er ihnen? Das Land zu hüten? Zusammenzuhalten? Gute Juden zu sein? Gott anzuhangen? Seiner nicht zu vergessen? Das Erbe zu bewahren? Nie zu vergessen, ein Volk zu sein? Die Thora zu schützen? Nein! Er heißt sie – wieder von vorne zu beginnen. Entschlüsse zu fassen. Kein Blatt vor den Mund zu nehmen, sich entweder Gott zu verpflichten oder anderen Göttern! „Wenn euch der Gott unserer Väter mißfällt", sagt er ihnen, „dann dient einem anderen!"

Das ist einmalig! Jetzt noch vor eine Wahl stellen? Nach dem Auszug aus Ägypten, der Offenbarung auf dem Sinai, nach den Wundern in der Wüste, nach den Schlachten, nach so vielen Tragödien und Triumphen bietet ihnen Josua die Möglichkeit an, das Buch zu schließen und – neu zu beginnen.

Das ist ein Akt unglaublicher Kühnheit! Wie konnte er wagen, zu spielen und damit alles zu riskieren? Er tat es und zeigte uns damit einen anderen wesentlichen Zug jüdischer Tradition: Jude sein ist nicht eine einmalige Entscheidung; wir entscheiden uns jeden Tag neu. Was sagte Israel Zangwill? Wir sind nicht das auserwählte Volk, sondern das auswählende. Dieser besondere Augenblick – diese letzte Schlacht, die innere Schlacht, bringt uns Josua nahe. Aber das ist noch nicht alles.

Man erkennt seine Menschlichkeit, wenn man seine Beziehung zu einzelnen Menschen untersucht. Zunächst zu Moses, den er bewunderte und liebte. Und dennoch mußte er seinem Meister weh tun, weil er noch zu dessen Lebzeiten seine Nachfolge antrat. Als Moses sich weigerte zu sterben, sagt der Talmud, machte ihn Gott eifersüchtig auf Josua. Josua, Gottes unglückliches Instrument, Josua, Führer wider Willen. Gott erklärt Moses, er müsse sterben, damit Josua sein Amt übernehmen könne, mit anderen Worten, Moses würde weiterleben, solange Josua nicht seine Nachfolge antrat. Damit er herrschen konnte, mußte sein geliebter Lehrer sterben. Man stelle sich seine Schuldgefühle, seine Trauer vor.

Auch seine Beziehung zu seinem Freund Kaleb ist interessant. Beide bestritten sie die Berichte der offiziellen Kundschafter und halfen so Moses, das Volk zu überzeugen, daß das Land wirklich gut und gastlich war. Und doch kam Kaleb fünfundvierzig Jahre später zu Josua und bat ihn, ihm ein Stück Land zu übereignen, und sagte: „Erinnere dich, was ich in jenen kritischen Stunden tat und sagte." Ich, nicht wir. Josua hätte ihn berichtigen können, tat es aber nicht und gewährte ihm seine Bitte.

Sein Großmut gegenüber der Hure Rahab war ebenfalls

bewundernswert: mitten im Kampf erinnerte er sich an sein Versprechen und hielt es. Sie und ihre Familie wurden verschont.

Als Josua von Moses ernannt wurde, spotteten die älteren Würdenträger seiner. „Seht Moses an und seht seinen Nachfolger", sagten sie. „Sie sind wie Sonne und Mond, welche Schande, welche Schande!" Es war nicht einfach, der Nachfolger Mose zu werden. Josua wurde es gegen seinen Willen – genauso wie er später gegen seinen Willen Krieg führte, nur weil Gott es ihm so befahl. Er war eine tragische Gestalt, den seine Triumphe nicht glücklich machten, im Gegenteil, er wurde trauriger, einsamer. Er konnte seine Aufgabe noch nicht einmal vollenden, Teile des Landes blieben besetzt. Josua fühlte sich müde. Er hatte zuviel Leid auf zu vielen Schlachtfeldern gesehen, er hatte den schrecklichen Preis des Sieges kennengelernt.

Er starb allein, ganz allein. Er wurde an einem Ort begraben, der ‚Har gaash' hieß, eine Art Vulkan. Der Talmud sieht darin den Beweis, daß ein wesentlicher Zug zum Verständnis dieses Mannes in der biblischen Erzählung ausgelassen wurde, und spricht von der erschreckenden Undankbarkeit Israels gegenüber seinem alten Führer. Im Namen von Rav Jehuda sagt der Talmud: „Und Josua wurde im Norden von Har gaash begraben, dem bösen Berg. Warum war der Berg böse? Weil Gott in Seiner Empörung Sein Volk strafen wollte, indem Er sie alle unter dem Berg begrub. Und warum war Er empört? Weil niemand sich die Mühe machte, zu Josuas Beerdigung zu kommen. Und warum nicht? Weil sie zuviel zu tun hatten. Einer im Garten, der andere in seinem Weinberg, der dritte mit seiner Kohle." Seltsam, aber wahr: Josua war Israels Führer im Krieg; als der Krieg zu Ende war, brauchten sie ihn nicht mehr.

Armer Josua. Seine letzte Schlacht wurde geführt gegen

„die Riesen" des Berges. Waren es wirkliche Riesen oder nur Teil seines Alptraumes? Bedauerte er einiges? Wie sah er die Zukunft? Könnte er geahnt haben, daß sein Krieg, von dem er hoffte, er sei Israels erster und letzter, nicht der letzte sein würde? Nach allem Für und Wider werden Josuas Kriege jedenfalls als Kriege dargestellt, nicht als Religion. Sein Buch über den Krieg ist ein Buch gegen den Krieg, ein Bericht über Blutvergießen, um Widerstand gegen solches Blutvergießen zu lehren.

Als König Nebukadnezar von Babylon, der den Tempel zerstörte, Lust verspürte, seine Stimme zu erheben und zu singen, schlug ihn der Engel Michael ins Gesicht. Zerstörung und Gesang sind nicht zu vereinbaren.

Als die Juden durch das Rote Meer gingen, war den Engeln nach Gesang zumute, und Gott gebot ihnen Schweigen. „Meine Geschöpfe ertrinken, und ihr denkt nur an Gesang!"

Aber schließlich, wenn Gott so um die Ägypter trauerte, warum ertränkte Er sie? Nur Er kann darauf eine Antwort geben. Aber die Engel hatten unrecht, den Tod von Menschen – auch bösen – in lyrische Theologie umzuwandeln. Der Tod darf nie glorifiziert werden.

Armer Josua, ruhmreicher Josua. Er wurde gezwungen, so viele Schlachten zu gewinnen, und niemand dankte es ihm. Außer Gott.

Elias
oder eine Ahnung der Unsterblichkeit

Und es begab sich, daß, als der Allmächtige Gott Israels Seinen Propheten in einem Feuersturm zu sich rief, Elias Gilgal verließ, begleitet von seinem treuen Schüler Elischa.

Es sollte ihre letzte gemeinsame Reise sein. Sie wußten es beide, denn sie waren zu kritisch, sich selbst zu täuschen. Sie sprachen wenig, jeder war in seine eigenen Gedanken versunken. Meister und Schüler hatten sich nahegestanden. Die bevorstehende Trennung konnte nur das Gefühl des Verlustes und der Trauer vergrößern. Was würde aus ihnen werden, aus dem einen und dem anderen – dem einen ohne den anderen?

Plötzlich wandte sich Elias an seinen jungen Begleiter und sagte: „Hör zu, du bleibst hier. Ich muß nach Beth-El gehen, weil Gott es mir befohlen hat – aber du bleibe hier."

Elischa weigerte sich und sagte: „Ich schwöre bei Gott und bei deinem Leben, ich werde dich nie verlassen."

Angesichts dieser Entschlossenheit beharrte Elias nicht auf seinem Wunsch. Und beide gingen weiter nach Beth-El, schweigend.

In Beth-El wurden sie von jungen dort lebenden Propheten begrüßt, die sich an Elischa wandten und fragten: „Weißt du, daß heute der Tag ist, der vom Allmächtigen auserwählte Tag? Dein Lehrer wird von dir genommen werden. Ist dir das bewußt?" – „Ja", erwiderte Elischa und nichts weiter. Auch die jungen Propheten schweigen.

Dann wandte sich Elias noch einmal an seinen Begleiter: „Bleib hier, Elischa", sagte er. „Ich muß weiter nach Jericho – ich muß, nicht du. Bitte, bleib hier."

„Nein", sagte Elischa. „Ich schwöre bei Gott und bei deinem Leben, ich werde dich nicht verlassen."

Und wieder machte Elias keine Einwände. Mißfiel ihm seines Schülers Hartnäckigkeit, seine Loyalität? Er zeigte weder Gefallen noch Mißfallen. Schweigend nahmen sie ihren Weg nach Jericho wieder auf.

Auch dort wurden sie von jungen Propheten begrüßt. Auch sie nahmen Elischa beiseite und fragten: „Weißt du, daß heute der Tag ist?" – „Ja, ich weiß", erwiderte dieser. Weiter sagte er nichts, ebensowenig wie die jungen Propheten.

Und zum dritten Mal versuchte Elias seinen jungen Freund zu überreden, ihm nicht zu folgen. „Bleib hier, bitte. Ich muß zum Jordan gehen, denn dorthin hat mich Gott geschickt. Aber dich nicht, bleib du hier."

Zum dritten Mal weigerte sich Elischa. „Ich schwöre bei Gott und bei deinem Leben, ich werde dich nicht allein lassen, weder hier noch anderswo, heute oder jemals."

Also verließen sie gemeinsam Jericho und begaben sich zum Fluß Jordan, in einiger Entfernung gefolgt von fünfzig jungen Propheten, die entschlossen waren, das Ereignis mitzuerleben und ihren Freunden kundzutun. Meister und Schüler gingen unbeirrt weiter und machten erst am Fluß halt. Elias zog seinen Mantel aus und teilte damit die Wasser, so daß sich eine Furt für sie öffnete. „Was soll ich mir für dich wünschen?" fragte Elias seinen Schüler, als sie den Fluß durchquert hatten. „Ich möchte, daß meine Kräfte zweimal so groß wie die deinen werden", sagte der junge Schüler. „Das ist zuviel", erwiderte Elias. „Aber hör mir gut zu: Wenn du mich wirklich weggehen siehst, dann wirst du wissen, daß dein Wunsch erfüllt wurde, aber nur dann."

Und plötzlich geschah es. Während sie miteinander gingen und redeten, senkte sich vom Himmel ein Wagen aus Feuer, gezogen von Pferden aus Feuer, und Elias wurde ergriffen und fortgerissen. Es dauerte nicht länger als einen Augenblick; Elischa blieb allein zurück. Elias hatte ihn verlassen und war in einer feurigen Lohe zum Himmel gefahren. Und Elischa hatte alles gesehen und alles verstanden. Ein quälender tiefer Schrei entrang sich ihm, ein Schrei, der das Universum in seinen Grundfesten erschüttern sollte: „Vater, Vater, Wagen Israels und seine Reiter!" Aber es kam keine Antwort, kein Echo, nichts. Elischa weinte, aber sein Lehrer war fort, für immer.

Für immer? Das hatte er wohl angenommen. Die fünfzig Propheten, die sich abseits hielten, desgleichen. Aber sie täuschten sich alle. Denn in diesem Fall geschah das Undenkbare: Elias erschien in den folgenden Jahrhunderten immer wieder unter seinen Mitmenschen, um sie zu erinnern, daß sie hoffen durften, und um ihnen anstelle des Todes einen Vorgeschmack der Unsterblichkeit zu geben.

Vom literarischen Standpunkt aus weist diese Stelle alle Elemente eines Meisterwerkes auf: Rhythmus, Handlung, Wohlklang, Spannung und Wiederholung. Wir lassen uns mitreißen von dieser Intensität. Die Gestalten sind echt, sie strahlen Wahrhaftigkeit aus. Wir sehen sie zusammen, wie sie zunächst gemeinsam vorwärtsgehen, dann getrennt werden und doch unzertrennlich sind.

Die Weisheit des Lehrers, die Loyalität des Schülers. Der Wunsch des Propheten, allein zu bleiben – buchstäblich und physisch allein –, um bereit zu sein für die, wie er wußte, einzigartige und überwältigende Begegnung mit dem

Tod. Keiner sollte ihn dabei sehen, das war sein Wunsch. So allein zu sein, wie auch der Tod allein ist, und Gott. Elias wollte seinem jungen Freund auch den Anblick eines dahinschwindenden sterbenden alten Lehrers ersparen, ein Opfer Gottes, hilflos und leblos wie alle Opfer einer absoluten Macht. Elias liebte seinen jungen Schützling, er wollte ihn bis zuletzt bewahren, von weiterem Leid abschirmen, ihm zu viele quälende Erinnerungen ersparen. „Bleib zurück, Elischa", drängte er ihn einmal, zweimal, dreimal: „Ich muß gehen – nicht du." Die Wiederholung zerreißt einem das Herz. Die gleiche Szene spielt sich dreimal ab, das gleiche Argument wird dreimal gebraucht, nur die Namen unterscheiden sich: Beth-El, Jericho, der Jordan. Und Elischa, mitgerissen von der Poesie des Dialoges, antwortet im gleichen Ton; auch er wiederholt seine Worte immer wieder, um seine Hartnäckigkeit zu unterstreichen: „Ich schwöre bei Gott, und ich schwöre bei dir – ich bleibe bei dir." Wir fühlen die wachsende Spannung, die bald unerträglich wird, je näher wir der Lösung kommen. Elias steht kurz davor, diese Welt zu verlassen; er weiß es, genau wie wir. Und Elischa? Er weiß es auch – weiß es sogar noch vor den jungen Propheten, die es ihm mitteilen wollen, ohne daß der Meister es hört. Das Gerücht von Elias' bevorstehendem Weggang scheint ihm überall vorauszugehen: heute ist der von Gott ausgesuchte Tag – der Tag, den wir alle fürchten. Elias geht, er verläßt uns. Zunächst beobachten die Leute einfach die beiden Männer und lassen sie allein weitergehen, in Jericho dann folgen ihnen fünfzig Propheten in einiger Entfernung, um zu sehen, dabeizusein und berichten zu können.

Dann kommt der Augenblick der Trennung. Elias bleibt Herr seiner Sinne und seiner Rolle treu. Er möchte seinem Schüler ein Abschiedsgeschenk machen, das er sich auswählen darf. Und jetzt setzt uns Elischa mit seiner Antwort in

Erstaunen. Er sagt nicht: „Was ich wirklich, aus ganzem Herzen wünsche, ist, daß du bei mir bleibst, ich möchte nicht allein zurückbleiben." Und er sagt auch nicht: „Nimm mich mit, laß uns diese von oben verordnete Trennung überwinden." Oder: „Wenn du mich verlassen mußt, versprich, zurückzukommen und mit mir in dieser feindlichen, materialistischen und zynischen Welt zu sein." Anstatt für das Leben und Werk seines Lehrers zu bitten, bittet er für sich und seine eigene Karriere: er möchte Macht, und zwar doppelt soviel, wie sein Meister hatte. Ist das Elischas letzter Wunsch – sein einziger Wunsch – sein innerstes Begehren? Verabschiedet sich so ein loyaler und geliebter Schüler von seinem Lehrer: indem er begehrt, ihn zu übertreffen, und ihm das auch noch direkt sagt? Wir verstehen Elischa nicht. Und wir verstehen auch Elias nicht. Er ist bisher in der Schrift als der Prophet des Zornes aufgetreten. Heftig, unnachgiebig, äußerst empfindlich, reagiert er mit Wut auf die geringste Herausforderung. Und hier wird er nicht wütend, ist nicht einmal beleidigt. Was hat ihn so verändert? Anstatt seinen jungen Schüler Mores zu lehren oder Geduld, gewährt er ihm seinen Wunsch oder versichert ihm wenigstens, er würde erfüllt werden, wenn er ihn fortgehen sähe. Dadurch wird unser Erstaunen noch größer. Was besteht da für ein Zusammenhang, was bedeutet es? Warum muß Elischa die Augen offenhalten, um selbst ein Prophet zu werden? Zum ersten und letzten Mal in seinem Leben spricht Elias in Rätseln, er, der doch immer seine Meinung klar und deutlich gesagt hat! Er, dessen Aufgabe es war, Unklarheiten zu zerstreuen! Dessen Aufgabe es sein wird, alle Geheimnisse zu lösen, er fügt noch ein eigenes hinzu! Ist er wirklich verschwunden? Ist er wirklich in den Himmel aufgestiegen? Könnte er sich nicht einfach aus der Welt der Menschen zurückgezogen und seine offiziellen Pflichten aufgegeben haben?

Elias: Kindern und Alten ist er stets gegenwärtig. In Augenblicken der Einsamkeit taucht er auf, um unsere Phantasie zu beflügeln. In Augenblicken der Freude ist er bereit, sie mit uns zu teilen. Elias: die unmögliche, aber notwendige Hoffnung, die Realität der Phantasie. Elias: Traum für einen Dichter, Herausforderung für den Philosophen. Elias und seine Wunder. Elias und seine Schlachten. Elias und seine Siege, die unsere Siege sind. Elias, unser Fürsprecher. Er nahm Gott beim Wort, und Gott dankte ihm für seinen Mut – Gott, aber nicht das Volk. Das Volk, das er verteidigte, verspottete ihn.

Ein paar Worte über die Idee, die Rolle, die Struktur des Propheten im allgemeinen. Wer ist ein Prophet? Jemand, der sucht, jemand, der gesucht wird. Jemand, der zuhört und auf den gehört wird. Jemand, der die Menschen sieht, wie sie sind und wie sie sein sollten. Jemand, der seine Zeit widerspiegelt und doch außerhalb der Zeit lebt.

Ein Prophet ist stets wach, stets auf der Hut; er ist nie gleichgültig, am allerwenigsten, wenn es um Ungerechtigkeit geht, menschliche oder göttliche. Als der Bote Gottes bei den Menschen, wird er auch ihr Bote bei Gott. Ruhelos, irritierend wartet er stets auf ein Zeichen, auf eine Aufforderung. Schlafend hört er Stimmen und folgt Visionen; seine Träume gehören nicht ihm.

Oft wird er verfolgt, lebt immer in Angst, ist stets allein – auch inmitten der Menge, wenn er mit Gott oder sich selbst redet, wenn er die Zukunft ausmalt oder die Vergangenheit beschwört.

Oft wirkt er theatralisch; er scheint, etwas aufzusagen, was ein anderer geschrieben hat. Und doch, um ein wirklicher Prophet zu sein, muß er in die Tiefen seines Wesens hinabsteigen. Um von Gott bewohnt oder durchdrungen oder ergriffen zu sein, muß er wirklich und authentisch er selbst sein.

Das ist die tragische Seite eines Propheten: hat er den höchsten Grad der Selbstverwirklichung erreicht, dann übergibt er sich Gott. Je intensiver er lebt, desto mehr gehört er Gott, der durch seine Stimme spricht und ihn als Bindeglied, als Brücke, als Instrument benutzt. Der Prophet ist zugleich Ärgernis und Vereinfacher. Was andere denken oder lernen werden, weiß der Prophet bereits, er erfährt es als erster. Er ist Gottes Resonanzboden. Aber manchmal wird er auch als letzter eingeweiht. Laut Talmud sprach Elias und wußte gelegentlich nicht, was er gesagt hatte.

In dieser Hinsicht ist Elias keine Ausnahme. Er predigte und wirkte Wunder, gewann viele Schlachten und gewiß auch viele Auseinandersetzungen, und dennoch, anders als die meisten Propheten, lebte er fort und fort.

Aber bei genauerer Untersuchung des Textes stößt man auf irritierende Tatsachen. Der Mann war nie glücklich, nicht einmal zur Zeit seines Triumphes. Und offensichtlich scheint er keine Vergangenheit gehabt zu haben, keine Wurzeln. Sein Leben war ein dramatischer Durchgang von Ewigkeit zu Ewigkeit; er entstand aus einer Legende und wurde wieder zur Legende.

Historisch ist Elias ein Zeitgenosse Homers. Er taucht in der biblischen Erzählung mit einem Donnerschlag auf, überwindet alle Hindernisse und reißt seine ganze Umgebung mit. Niemand erwartete ihn, aber als er da war, ging es nur noch um ihn.

Wer ist er nun eigentlich?

Beim Studium der Quellen, sowohl der biblischen wie der talmudischen, fallen gewisse Einzelheiten auf, gewisse Merkmale erscheinen bedeutsam und aufschlußreich. Aus einer beiläufigen Bemerkung erfahren wir, daß er „ein härenes Gewand trug und einen Ledergürtel um die Lenden". Sein Haar ist lang. Er hat keinen besonderen Beruf, ist arbeitslos, heimatlos und Junggeselle. Von kräftiger Gestalt, „konnte er achtzehn Meilen Pferden vorauslaufen", obgleich er sich ziemlich ärmlich ernährte: wir erfahren, was er in der Wüste aß und trank, desgleichen hören wir von seiner erstaunlichen Angewohnheit, unter den ungewöhnlichsten Umständen aufzutauchen und wieder zu verschwinden. Kühn, einfallsreich und herausfordernd, ist er ein meisterhafter Regisseur: er versteht es, Menschen zu beeindrucken und in Ekstase zu versetzen.

Das ist das biblische Porträt von Elias: zäh, kühn und grausam, reizbar, unbeugsam, monolithisch, ein Zerstörer falscher Götter und ihrer Verehrer. Er hat eine bemerkenswerte Konzentrationsgabe. Er redet nicht, er befiehlt. Aber wenn er einem Menschen zuhört, ist er ganz auf ihn konzentriert. Allein ist er das einsamste Geschöpf auf der Erde, und inmitten von Menschenmassen ist er noch einsamer. Als ein Mann der Extreme weist er Schwäche und Kompromisse zurück. Seine Strenge und Härte sind legendär, er lächelt kaum. Er ist mehr als ein Mensch, er ist das Schicksal selbst.

Seine Ausdrucksweise ist stets verblüffend. Keine Ansprachen, keine Reden, keine Moralpredigten. Kurze knappe Sätze, verbale Peitschenschläge. König Ahab, der Naboths Garten beschlagnahmt, fährt er an: „Haratzachta vegam yarashta? – Du hast einen Mann getötet und willst nun auch noch sein Erbe?" Falls diese kurze Feststellung nicht genügen sollte, fährt er fort: „Wie die Hunde das Blut deines Opfers geleckt haben, werden sie das deine lecken." Zu Ahabs Nachfolger, Ahazia, sagt er: „Du wirst dein Bett nicht lebendig verlassen." Zu dem Offizier, der ihn festnehmen will: „Ein himmlisches Feuer wird dich verschlingen." Und irgendwie treffen seine Prophezeiungen immer ein.

Elias flößt Angst und Schrecken ein. Er bekommt stets,

was er verlangt. Was er prophezeit, trifft ein. Öffnet er den Mund, erbebt die Erde. Hebt er den Arm, spüren die schreckerfüllten Menschen den Todesengel.

Elias, ein Mann ohne Geschichte, macht Geschichte, indem er sie neu belebt. Er hat den Auftrag, selbstgefällige Könige und ihre Lakaien zu bestrafen, die Eitlen zu erniedrigen und die Demütigen zu ermutigen, den Großen zu zeigen, wie klein sie sind, und den Mächtigen wie verwundbar. Wo immer er auftaucht, atmet man himmlische Glut und Leidenschaft. Unerbittlich in seinem Kampf gegen Ungerechtigkeit, demaskiert er Heuchelei und Falschheit. Bei seinem Erscheinen werden alle Dinge über den Haufen geworfen.

Wir wissen wenig über den Menschen Elias, über seinen Vater, seinen Herkunftsort, seine Lehrer, seine Ratgeber. Wie eine Theaterfigur gewinnt er nur Gestalt durch das, was er auf der Bühne sagt und tut. Der Rest bleibt Geheimnis. Seine offizielle Persönlichkeit selbst bleibt im dunkeln. Elias aus Tisbi. Durchaus möglich, daß es nie einen Ort dieses Namens gab. Eine talmudische Quelle behauptet, er gehöre zu einem Priesterstamm. Es gibt keinen überzeugenden Beweis für seine Zugehörigkeit zu einem anderen Stamm. Er gehört zu allen Stämmen, zu uns allen. Er entspricht der ewigen Sehnsucht des Menschen nach Poesie und seiner ewigen Suche nach Gerechtigkeit.

In der Schrift steht: In Israel und Juda waren Könige, und die meisten von ihnen waren mittelmäßig und selbstsüchtig, einige noch Schlimmeres. Ein in sich gespaltenes Haus hat keinen Raum für Geistigkeit. Führer tauchten auf und verschwanden in endlosen Kriegen, Intrigen, Komplotten und Gegenanschlägen. Kriege und Bündnisse mit Phöniziern und Assyrern, meist unter falschen Voraussetzungen führten zu fortschreitender Schwächung, zu ständig zunehmendem Götzendienst. Der Gott Israels war ein Fremder in Seinem eigenen Land.

Der gottloseste König war Ahab, der mehr sündigte als sein Vater Omri und dieser wiederum mehr als sein Vater Jerobeam ben Nebat. Um sein Bündnis mit den Phöniziern zu sichern, heiratete Ahab die phönizische Prinzessin Isebel, Tochter des Priesters und Königs Etbaal von Tyros. Von ihr beeinflußt, baute er heidnische Tempel, öffnete seinen Palast falschen Propheten und gestattete den Wiederaufbau Jerichos trotz Josuas denkwürdigem Befehl.

Ahab begeht eine Sünde nach der anderen, häuft Schande um Schande auf sich und reißt das ganze Volk – und seine Geschichte – mit. Sie fielen immer tiefer, nichts und niemand konnte sie aufhalten, geschweige denn retten.

Und dann heißt es plötzlich im Text: ‚Vayomer Eliayahu ha-tishbi mitoshavei gilead el Ahav' ... „Und Elias aus Tisbi, Bürger von Gilead, wandte sich an König Ahab und sagte: ‚Ich schwöre bei dem Gotte Israels, daß es nicht regnen wird, ehe ich nicht den Befehl dazu gebe.'"

Eliyahu aus Tisbi, Bürger von Gilead. Geburtsort unbekannt, Alter unbekannt. Der Text will, daß er unbekannt bleibt. Nur seine offensichtlichen Eigenschaften sollen bekannt werden. Vom ersten Satz an erfahren wir, daß Elias sich durch seine Art zu sprechen offenbarte, durch seinen Mut und seinen Glauben an die eigene Stärke. Er weiß, seine Drohungen sind nicht leeres Gerede.

Wir wissen also sofort, nicht nur, daß Elias existiert, sondern daß er ein Prophet ist. Wir werden Zeugen, als er dem König persönlich gegenübertritt. Er sagt ihm, er sei nicht der Mächtigste, es gäbe Kräfte, die sich ihm entzögen; einen Willen, stärker als der seine. „Von nun an", sagt Elias, „werde ich allein bestimmen, ob dieses Land in Glück oder Not lebt, nur ich allein werde dem Regen gebieten, der den Himmel über uns mit der Erde verbindet."

Dieser Elias hatte also Mut. Er hatte jedoch kaum den Satz beendet, als er verschwand.

Ob Ahab antwortete oder auf seine Drohung einging, steht nicht geschrieben. Wir erfahren nur, daß Elias sprach und ... floh. Ehe wir ihn jedoch der Feigheit zeihen, müssen wir wissen, daß er auf Befehl floh, auf Gottes Befehl. Gott sagte ihm einfach, er solle weggehen und sich in der Nähe des Jordan verstecken. Er solle niemand sehen und von niemand gesehen werden. „Mach dir keine Sorgen", sagte Gott, „Raben werden dich ernähren. Und der Fluß wird dir Wasser geben. Du wirst versteckt leben müssen, aber du wirst leben. Und es wird dir an nichts fehlen."

Nicht so die anderen. Als Elias' Prophezeiung eintraf, brachte die dreijährige Dürre Hunger über Land und Volk. Die Erde war durstig und ebenso der Prophet. Er verließ sein Versteck und fand Zuflucht bei einer Witwe, der Gott befohlen hatte, ihm zu essen zu geben. Sie wurde belohnt, es mangelte ihr nie an Nahrung. Aber ihr Sohn wurde krank, und sie beschuldigte Elias: „Es ist deine Schuld", sagte sie, „du kamst und brachtest meine Sünden zum Vorschein, und dadurch wurde mein Sohn krank und wird jetzt sterben." In der Bibel ist dieser zornige Ausbruch unverständlich.

Im Midrasch nicht. Hören wir die Auslegung. „Ehe du kamst", sagte die Witwe, „liebte mich Gott, weil ich tugendhaft war, d.h., verglichen mit anderen, war ich es wirklich. Aber verglichen mit dir? ... Also liebt mich Gott deinetwegen nicht mehr. Warum kamst du hierher? Warum?" Was sollte nun Elias anderes tun als ihren Sohn heilen?

Ein Wunder? Ja. Wie Moses, dem er in mannigfacher Weise ähnelt, wirkt Elias Wunder. Aber dieses hier ist von besonderer Art: es vollzieht sich gleichsam heimlich. Während die meisten Wunder so viele Zeugen wie möglich beeindrucken sollen, wurde dieses hier nur von dreien, einschließlich Elias, erlebt. Er tat es später, viele Jahrhunderte später, wieder, als er verzweifelte Opfer im Exil ermutigte, tröstete und rettete, indem er ihnen, ihnen allein erschien.

In der Bibel wirkte Elias noch eindrucksvollere Wunder in der Öffentlichkeit. Er forderte König Ahab heraus zu einem denkwürdigen verbalen Zweikampf. Seine Sprache war klar, provozierend: „Du verehrst Götzen, ich diene Gott – laß uns sehen, wer lebendig ist und wer nicht."

Das ganze Volk wurde auf den Berg Karmel geladen, vor allem die falschen Propheten: vierhundert Diener Baals und vierhundertfünfzig persönliche Propheten Isebels, wenn man so sagen kann. Ihnen gegenüber stand ein einziger Mann, Elias, der an einen Gott glaubte, den Gott Israels.

Und Elias sprach, und was er sagte, war vernünftig: „Ihr könnt nicht beiden dienen, nicht gleichzeitig Gott und Baal; ihr könnt nicht sowohl jüdisch wie anti-jüdisch sein; ihr könnt nicht an euer Schicksal glauben und gleichzeitig an das eines anderen. Ihr müßt euch entscheiden, einen festen Standpunkt einnehmen. Ad matai tifsekhu al shtei haseipim? Wie lange wollt ihr noch gleichzeitig in zwei Lagern stehen? Man muß wählen. Ist der Herr Gott, so folgt Ihm; ist Baal Gott, folgt ihm."

Das Volk, heißt es im Text, antwortete nicht. Schon damals wartete man lieber ab, um sich dann dem Sieger anzuschließen.

Elias selbst besorgte die Inszenierung, und seine Anweisungen sind so deutlich und genau, daß sie einen ungewöhnlichen Einblick in die alten heidnischen Baal-Zeremonien gewähren.

Zwei Ochsen wurden gebracht, und Elias forderte seine Gegner auf, einen auszuwählen und ihn als Opfer traditionsgemäß darzubringen. Dann würde er das gleiche tun, und beide würden sie kein Feuer an das Opfer legen, wie der Ritus vorschreibt, denn das Feuer kommt von Gott allein. „Dann wollen wir sehen", sagte Elias, „was euer Gott und mein Gott tun werden." Die Gegenseite nahm die Herausforderung an, was sie bereuen sollte. Höflich überließ Elias den Propheten des Baal, den Wettstreit zu eröffnen. Sie errichteten den Altar und beteten um Feuer. Aber es kam kein Feuer. Die Priester und Propheten flehten inbrünstig zu Baal, aber es kam kein Feuer. Nichts geschah, heißt es im Midrasch. Nur Stille – wie die Stille, die herrschte, als Gott das Gesetz gab: die Vögel sangen nicht, die Ochsen brüllten nicht, die Engel flogen nicht, das Meer lag ruhig. Kein Geschöpf tat einen Laut. Gott hieß die Schöpfung in Stille verharren, leer und reglos sein, als ob kein Lebewesen vorhanden wäre. Denn hätte jemand gesprochen, würden die Priester sagen: „Baal hat uns geantwortet."

Aber Baal blieb stumm und abwesend. Da begann Elias ihrer zu spotten. „Vielleicht ruft ihr nicht laut genug! Er schläft oder ist abwesend. Weckt ihn!"

Die Ironie des Propheten mag unfair und daher unpassend sein. Gehört es sich, einen geschlagenen Gegner lächerlich zu machen? Aber wenn wir den Text näher betrachten, erkennen wir unseren Fehler: die falschen Propheten sind noch nicht geschlagen – denn Elias hat sein Wunder noch nicht vollbracht. Da er nicht sicher war, ob sein Flehen erhört und er Feuer vom Himmel erhalten würde, trieb er sie einfach, ihre Anstrengungen mit größerer Kraft fortzusetzen und nicht so schnell aufzugeben. Und das taten sie auch nicht. Sie heulten und schrien stundenlang und fügten sich in kollektivem Wahn Wunden zu. Als der Abend hereinbrach, gaben sie schließlich ihre Niederlage zu.

Dann kam Elias an die Reihe. Er baute den Altar mit

zwölf Steinen auf, um dadurch die Einheit der zwölf Stämme Israels zu demonstrieren. Und er erflehte die Hilfe Gottes: „Herr Gott Abrahams, Isaaks und Jakobs, beweise uns heute, daß Du der Gott Israels bist ... Anéni adoshem, anonéni – antworte mir, Gott." Der Midrasch gibt eine poetische Auslegung: „Antworte mir, damit das Volk erfahre, daß Du das Wunder getan hast. Und das ganze Volk sah Gottes Antwort; das ganze Volk sah Feuer vom Himmel herabkommen und wie es Elias' Opfer annahm und verzehrte." Die Geschichte ist noch nicht zu Ende. Nach seinem Sieg befahl Elias dem Volke, alle falschen Propheten umzubringen.

Den Midrasch kümmert das unglückliche Schicksal der falschen Propheten nicht sonderlich, bestimmt weniger als das der armen Ochsen. Hören wir seine Schilderung: Um wirklich fair zu sein, schlug Elias den Propheten des Baal vor, Zwillingsochsen auszuwählen und es dem Schicksal zu überlassen, welcher Gott und welcher Baal geopfert werden sollte. Der erste leistete keinen Widerstand und folgte Elias wie einem Freund. Der zweite weigerte sich stur, seine Rolle zu spielen. Er wollte nicht nur den falschen Propheten nicht folgen, sondern blieb auch wie angewurzelt an Ort und Stelle – und keine Macht der Welt konnte ihn dazu bringen, sich zu bewegen. Alle Priester und Propheten versuchten es, ihre Helfer versuchten es, alle ohne Erfolg.

Die Szene wäre schon so komisch genug, aber der Ochse hatte darüber hinaus das Bedürfnis, sein Verhalten dem Elias zu erklären: „Hör zu", sagte er, „wir sind Zwillinge, von der gleichen Mutter geboren; zusammen aufgewachsen, gemeinsam gefüttert, haben auf den gleichen Feldern gegrast, im gleichen Schatten geruht, also sage mir: Warum werde ich benachteiligt? Warum wird mein Bruder dem ewigen Gott geopfert und ich einem albernen Götzen?

Warum soll mein Bruder den lebendigen Gott heiligen und ich Ihn erzürnen? Sag mir, ist das fair oder gerecht?" Elias verstand ihn: der Ochse hatte recht – aber trotzdem mußte die Schau weitergehen! Also versuchte er, den armen Ochsen zu trösten: „Sei nicht traurig", sagte er ihm, „auch du wirst Gottes Namen heiligen – du, indem du Baal geopfert wirst, und dein Bruder, indem er Gott geopfert wird; ihr habt beide in Seinem Dienst und um Seinetwillen gelebt und werdet für Ihn sterben." Der Ochse war aber noch nicht überzeugt. „Ich verstehe dich", erwiderte er, „aber ich gehe nicht freiwillig zu Baal! Wenn ich gehen muß, dann zwinge mich! Du sollst mich ihnen übergeben!" Und Elias hatte keine andere Wahl.

Natürlich gewann Gott, und das Volk rief: „Adoshem hu ha Elokim – Gott ist Gott." Und Wolken zogen auf, und es begann zu regnen. Die Erde war wieder bereit, die Menschen zu ernähren. Alles war gut – die Schöpfung war wieder mit dem Schöpfer ausgesöhnt.

Für Elias waren die Dinge hinterher nicht etwa einfacher. Er hatte zwar gewonnen, aber er war nicht außer Gefahr. Er mußte wieder fliehen. Welch seltsames Geschick: Wenn er verlor, floh er, und wenn er gewann, floh er auch. Auf seinem Kopf stand ein Preis, und er tauchte unter. Aber wer jagte ihn? König Ahab hatte am Berg Karmel bereut. Elias huldigte ihm, wie es einem König gebührt, und lief, wie es damals Sitte war, vor seinem Streitwagen. Es war Isebel, die Elias verfolgte, den treuen Boten Gottes.

Sie war sein wahrer und gefährlichster Feind, mehr als ihr Mann. Sie war entschlossen. Sie war entschlossen, das Massaker an den ihr ergebenen Priestern zu rächen. Sie hatte es zu spät gemerkt. Wäre sie anwesend gewesen, hätte Elias sicher größere Schwierigkeiten gehabt.

Die Konfrontation auf dem Berg Karmel war hinter Isebels Rücken geplant und durchgeführt worden. Elias wollte sie bei diesem Ereignis nicht dabei haben, nicht weil er Angst vor ihr hatte, sondern weil ihr Mann sie fürchtete.

In dieser königlichen Familie hatte ganz offensichtlich die Frau das Heft in der Hand. Isebel beherrschte ihren Mann und daher auch das Volk. Sie traf die wichtigsten – und blutigsten – Entscheidungen; sie hatte das Massaker an den wahren Propheten des jüdischen Volkes befohlen, sie baute die Altäre für Baal. Sie hetzte das Volk gegeneinander auf und gegen Gott, den Herrn Israels. Wenn dieses jüdische Königreich seiner eigenen Mission untreu wurde, so war es ihr Werk. Ahab liebte sie zu sehr, um zu protestieren, und sie hielt ihn in immer stärker werdender Abhängigkeit. Aus biblischen und talmudischen Quellen erhalten wir ein genaues Bild von ihr als einer sinnlichen, aber sexuell frustrierten Frau. Sie liebte Prunk und Macht, sie nahm gerne teil an den Zeremonien anderer, z.B. an Hochzeiten und Begräbnissen. Andere Quellen geben an, daß sie oft seltsame und gewagte Methoden anwandte, um die Leidenschaft ihres Mannes zu erregen – wir erfahren anschauliche Einzelheiten. Ahab war ihr so verfallen, daß er ihr die Regierungsgeschäfte überließ.

Isebel entwarf also sowohl die Innen- wie die Außenpolitik des Landes und zeichnete auch verantwortlich für die Religion – mit Ahabs Einwilligung. Er widersprach nie, trat ihr nie entgegen, selbst nicht auf dem Schlachtfeld. Er galt als großer Feldherr, aber nur, wenn sie nicht in der Nähe war; er war ein Schwächling dann, wenn sie in der Nähe war.

Das beste Beispiel dafür ist die Geschichte von Naboths Garten. Es lebte einst ein Mann namens Naboth, dessen Garten grenzte an den des Königs. König Ahab wollte diesen Garten und bot Naboth Geld an, aber der wollte den Garten nicht hergeben. Da bot ihm Ahab einen anderen Garten woanders an. „Es tut mir leid", sagte Naboth, „ich möchte nicht umziehen." Er wollte eben in seinem eigenen Garten und Haus bleiben, das ihn an seine Kindheit, seine Eltern und deren Eltern erinnerte. Ahab drängte weiter und ließ nicht locker, aber Naboth blieb fest.

Ahab fühlte sich unglücklich, hintergangen, enttäuscht – nur Könige können sich so hineinsteigern. Er kehrte bitter, böse und ungehalten in seinen Palast zurück. Ohne zu Abend zu essen, ging er sofort ins Bett. „Was ist passiert?" fragte seine Frau. „Warum hast du so schlechte Laune? Wer hat dir etwas getan? Warum ißt du nicht?" Er erklärte ihr, was geschehen war, und beklagte sich über Naboths Starrsinn.

„Ist das alles?" fragte Isebel. „Wenn weiter nichts ist, mein Lieber, dann nimm es dir nicht so zu Herzen. Überlaß es nur deiner lieben Frau, sie wird sich darum kümmern..."

Und sie kümmerte sich, d.h., sie nahm sich Naboth vor, indem sie ein fingiertes Verhör veranstaltete – den ersten Schauprozeß in der jüdischen Geschichte –, sich falscher Zeugen bediente, die aussagten, Naboth habe eine Verschwörung geplant, um Anführer zu werden. Es gelang ihr sogar, einige Leute zu überreden, Naboth wie einen obersten Führer zu behandeln, um vor Gericht eine bessere Handhabe zu haben. Die Intrige hatte Erfolg. Naboth wurde gegen seinen Willen zum Führer, gegen seinen Willen zum Angeklagten. Und er wurde verurteilt, gesteinigt. Und alles, weil Isebels Ehemann einen größeren Garten wollte.

Das Bild ist klar: Sogar in dieser unwichtigen Angelegenheit löste Isebel Ahabs Problem. Praktisch war sie die Herrscherin, ihre Macht war unbestritten, ihre Entscheidungen unwiderruflich. Es ist anzunehmen, daß Ahab in Augenblicken der Einsicht und kritischen Selbstprüfung ihre absolute Herrschaft in seinem eigenen Palast zuwider war. Schließlich war er ja auch noch da, konnte stolz sein auf seine Vergangenheit, seinen Namen, seine eigene königliche Herkunft. Oft ging er fort, um allein zu sein, wieder seinem Volk näher zu kommen, den Sitten und Gebräuchen und dem gemeinsamen Glauben. Aber sobald er dann zu Isebel zurückkehrte, waren alle guten Vorsätze verflogen.

Elias, der ja kein schlechter Psychologe war, mußte wohl den Aufruhr, die Zweifel, den mühsam unterdrückten Ärger in der Seele des Königs gespürt haben. Eines Tages nützte er Isebels Abwesenheit aus, um den König zu dem Gottesurteil auf dem Berg Karmel herauszufordern. Ahab, als Herrscher enttäuscht, mußte annehmen. Die Idee gefiel ihm: das Schauspiel, der Wettstreit, der Rahmen, das Risiko, die Chancen, das Ergebnis; es würde das größte Ereignis zeitgenössischer Geschichte werden, und er im Mittelpunkt, er am Steuer, allein, ohne Isebel. Das würde ihr beweisen, was für ein fähiger Mann er letzten Endes war.

Wir kennen das Ergebnis. Aber man sollte fair gegenüber dem König sein: er war mutig genug – oder schwach genug – seiner Frau ungeschminkt davon zu berichten. Er erzählte ihr die ganze Geschichte, die Opfer, den Sieg Elias', das Massaker an den Priestern, die Demütigung von Baal. Man kann sich die Szene im königlichen Palast vorstellen. Und jetzt wird alles klar: Ahab liebt Isebel, die ihrerseits Elias liebt, und der liebt nur Gott allein. Und Gott? Wen liebt Er? Vor dieser Frage steht Elias in der Wüste.

Man kann sich Isebels Wut um so besser vorstellen, als sie genau in der Bibel beschrieben ist. Durch Boten ließ sie Elias kundtun, morgen wirst du tot sein – morgen.

Elias war zu klug, zu erfahren, um ihre Drohungen nicht ernst zu nehmen. Er wußte, wie gefährlich eine rasende Frau sein konnte. Er floh in die Wüste und blieb dort vierzig Tage und vierzig Nächte, und dann hatte er diese bewegende, herzzerreißende und furchterregende Begegnung mit Gott. Diese Begegnung bleibt ein Höhepunkt in der Geschichte des jüdischen Volkes – und seines eigenen Lebens.

Seltsam: diese Begegnung ist von Verzweiflung geprägt und nicht von Überschwang. Anstatt beglückt zu sein, Baal geschlagen zu haben und dem Tode entronnen zu sein, erscheint Elias deprimiert und bedrückt. Er möchte verschwinden, für immer, möchte sterben. Als Gott ihn fragt warum, antwortet er: „Ich habe für Dich gekämpft, ich habe Deinetwegen Deine Kinder bekämpft, ich habe die gestraft, die gegen Dich gesündigt haben, und nun bin ich hier in einer Höhle, allein und in Gefahr; ich bin der Letzte."

Eigentlich hätte Gott argumentieren können: „Was, jetzt bist du traurig? Nach deinem Triumph?" Aber Argumente konnten noch nie Depressionen heilen. Also erzählte ihm Gott eine Geschichte, immer noch ein ganz gutes Heilmittel gegen Traurigkeit. Und Gott sagte: „Té, geh, verlaß die Höhle und tritt auf dem Berg vor mich hin." Und siehe, der Herr ging vorüber, und ein großer starker Wind zerriß die Berge, fuhr vor Gott her und zerbrach die Felsen in Stücke; aber Gott war nicht in dem Wind. Und nach dem Wind kam ein Erdbeben, aber Gott war nicht in dem Erdbeben; und dem Erdbeben folgte ein Feuer, aber Gott war nicht in dem Feuer, und auf das Feuer folgte eine sanfte Stimme, die aus der Stille heraus ertönte. Heißt das, Gott wohnt in der Stille? Der Text sagt das nicht ausdrücklich, aber Elias verstand: er verhüllte sein Gesicht mit dem Mantel, ging hinaus und stand vor dem Eingang der Höhle. Und siehe, es kam eine Stimme zu ihm und sprach: „Was tust du hier, Elias?" Und zum zweiten Mal mußte Elias erklären: „Ich kämpfte für Dich, ich allein kämpfte für Dich, denn Deine Kinder haben Deinen Bund gebrochen, Deine Altäre zerstört und Deine Propheten mit dem Schwert erschlagen, und nun bin ich hier allein, bin in Gefahr; ich bin der Letzte."

Gottes Antwort ist, gelinde gesagt, erstaunlich. Anstatt ihn zu trösten, seine Qual und Angst zu lindern, seine Stimmung zu heben, teilt Er Elias mit, daß seine Amtszeit zu Ende ist. Elischa, Sohn des Shaphat, wird sein Nachfolger werden.

Elias stimmt zu, Elias war immer einig mit Gott. Vielleicht hat es ihn sogar gefreut. War es nicht sein glühendster Wunsch, für Gott zu leben und zu sterben – von den Händen Gottes zu sterben und nicht von Menschenhand?

Aber warum sprach Gott so ohne Mitleid? Wie konnte Er ungerührt bleiben von Elias' Aufschrei, er sei allein und verlassen, als letzter zurückgeblieben, der letzte, der die Wahrheit kannte, der letzte, der sich erinnerte und der letzte, diese Erinnerungen lebendig zu halten?

Gott sprach ohne Mitleid, weil Elias ohne Mitleid gesprochen hatte. Sogar jetzt noch war er zu streng mit seinem Volk. Er zürnte den Königen, weil sie ihre heilige Aufgabe verraten hatten, indem sie fremde Götzen verehrten. Er zürnte dem Volk, weil es falsche Altäre gebaut und falschen Göttern geopfert hatte. Alles das ist verständlich. Aber nicht das ganze Volk war schuldig geworden, wie der Midrasch betont. Obadja wagte es, hundert junge Propheten zu verstecken, die Isebel ermorden wollte. Und alle Nachbarn und deren Nachbarn, also das ganze Volk wußte davon. Und doch hatte niemand sie an Isebel verraten. Und als Elias Isebel und ihrem Mann sagte, nur er und er allein sei nun Gottes Prophet, wußte jedermann, daß das nicht der Fall war, und niemand verriet es. Der Talmud kommentiert: Obgleich das Volk zur Zeit Ahabs Götzendiener waren, ähnelte es doch darin dem Volk zur Zeit Davids und war ihm ebenbürtig – es hatte keine Spitzel.

So gesehen, scheint Elias' Zorn etwas übertrieben. Daher

die Antwort Gottes. Niemand darf eine ganze Gemeinschaft verurteilen. Niemand, nicht einmal der angesehenste Prophet, darf sich gegen sein eigenes Volk stellen. Er gehorchte Gottes Willen, aber nun mußte er den Preis dafür zahlen. Gott wählt keinen aus, der nicht, gleichzeitig oder irgendwann, auch Sein Opfer wird.

Weil er sich als verlassen bezeichnet hatte, als einer, der allein seinem ganzen Volk gegenübersteht, wird Elias von Gott zurechtgewiesen. Das wird mehr als einmal im Midrasch beschrieben. Die Dürre dauerte drei Jahre, weil Elias sie als Strafe für die verderbten Könige und deren Anhänger vorausgesagt hatte. Aber was war mit den Kindern, mit den Unschuldigen? Gott selbst mußte Elias drängen, Ihn von Seinem Versprechen zu lösen und die Hungersnot abzubrechen.

Schließlich hielt es Gott draußen, vor der Höhle, für nötig, für Sein Volk – gegen Elias – zu bitten. Und Gott sagte: „Warum bist du so streng mit Meinem Volk? Sind die anderen besser, würdiger? Kennst du die Heiden in Damaskus und anderswo? Verglichen mit ihnen, sind Meine Kinder gut und fromm."

Überhören wir nicht die Ironie: Gott zürnte Elias, weil er zu gehorsam war. Und also war es an der Zeit, abzutreten und in den Himmel aufzusteigen.

Nur um dann später in einer völlig anderen Rolle zurückzukehren. Der nach-biblische Elias hatte nach seiner Himmelfahrt eine erstaunliche Wandlung durchgemacht. Die talmudische Legende beschreibt ihn als Freund und Gefährten aller, die der Freundschaft, des Trostes und der Hoffnung entbehren. Dem Zyniker bringt er Gewißheit; dem Wanderer einen Schimmer von Licht und Wärme. Dem Weisen ist er Lehrer; dem Träumer ein Traum: das ist Elias. Seine Besuche – oder seine Offenbarungen – sind Belohnung in sich. Man muß sie verdienen.

Das gilt auch für seine Wunder: sie müssen verdient sein. Aber dann ist Elias auch zuverlässig, er hält seine Versprechen, erfüllt seine Zusagen. Und wenn ihm Hilfe nicht möglich ist, dann leidet er wenigstens mit uns und weint um uns.

Der strafende Prediger wurde zum Propheten des Trostes. Als Engel und Beschützer Israels beherrscht er Zeit und Raum: er ist überall gleichzeitig. Er kann nicht genau beschrieben werden, denn seine Masken sind zahlreich. Manchmal erscheint er als Araber, als Perser oder Römer, als Reiter und sogar als Frau anrüchigen Gewerbes. Bei einer Gelegenheit mußte er Rabbi Meir retten. Römische Soldaten jagten ihn und hatten ihn schon beinahe erreicht, als sie sahen, wie er von einer Prostituierten aufgegriffen wurde. Nein, unmöglich, kann er nicht sein! Sie drehten um und gaben die Verfolgung auf. Natürlich waren sie nur zweitklassige Detektive. Sie hätten doch merken müssen, daß die Frau kein anderer als der Prophet Elias war, der neben Rabbi Meir herging, um ihn zu retten!

Noch eine Geschichte: ein gewisser Rabbi Nahum aus Gamzu machte sich auf nach Rom, um den Kaiser mit jüdischem Gold zu einer freundlicheren Haltung gegenüber Judäa zu bewegen. Unterwegs machte er halt in einem Gasthaus, wo Diebe sein Gold stahlen und statt dessen Sand in den Behälter füllten. Die Wut des Kaisers kann man sich vorstellen, als er die Kassette öffnete und den Sand fand. Reb Nahum wurde zum Tode verurteilt wegen Majestätsbeleidigung. ‚Gam zu letova', sagte Reb Nahum, und das war sein Lieblingsausspruch: „Was immer geschieht, ist gut." Dieses Mal hatte er recht, denn Elias erschien als Höfling verkleidet (einige sagen als Ratgeber) und sagte dem Kaiser: „Halt, dieser Mann brachte dir eine kostbare Gabe! Kostbarer als Gold! Sein Sand birgt Kräfte, es ist eine gefährliche Waffe. Versuche sie!" Der Kaiser tat so, und der Sand verwandelte sich wunderbarerweise in eine Waffe, die feindliche Mauern zerstören konnte. Der Kaiser belohnte Reb Nahum, indem er ihm eine Kassette voll Gold und Edelsteinen gab. Auf dem Rückweg kehrte er in dem gleichen Gasthof ein und traf dort auf die gleichen Diebe, die staunten, daß er noch lebte und reich geworden war. Sie wollten wissen, was in Rom geschehen war. Er erzählte es ihnen. Darauf füllten sie zehn Kästen mit demselben Sand und brachten sie dem Kaiser, der den Sand in der Schlacht einsetzte und merkte, daß er wertlos war. Und natürlich wurden die Diebe eingesperrt, verurteilt und gehenkt. Warum griff Elias nicht auch ihretwegen ein? Schließlich war er doch ein gerechter Mann. Er hätte können, tat es aber nicht.

Er rettete aber einen anderen Weisen – Rabbi Kahana –, und zwar auf noch direktere Weise. Dieser weise Mann war so arm, daß er seinen Lebensunterhalt als Hausierer verdienen mußte. Seine Hauptkunden waren Frauen. Eine von ihnen, eine römische Matrone, war so beeindruckt von seiner Schönheit, daß sie alles tat, um ihn zu verführen. Er widerstand lange, aber sie gab nicht nach. Schließlich sagte er: „Ich will gehen und mich fertig machen." Statt dessen kletterte er auf das Dach und stürzte sich hinab. Elias fing ihn mitten in der Luft ab und sagte vorwurfsvoll: „Ich mußte mich beeilen, deinetwegen, ich war weit weg." – „Ich hatte keine andere Wahl", erklärte Rabbi Kahana, „ich bin arm, ich bin Hausierer und treffe alle möglichen Frauen, und daher bin ich allen möglichen Gefahren ausgesetzt." Um ihn vor künftigen ähnlichen Gefahren zu bewahren, gab ihm Elias einen Haufen Münzen, so daß er das Hausieren aufgeben konnte.

Aber natürlich setzt sich Elias noch viel geschickter und hundertmal entschiedener ein, wenn es darum geht, eine jüdische Gemeinschaft und nicht nur einen einzelnen Menschen zu retten. Beispiel: Als Gott beschloß zuzulassen, daß Haman die in Persien lebenden Juden vernichtete, wehklagte die wie eine Witwe gekleidete Thora vor Gott, desgleichen taten die Engel, und alle sprachen: „Wenn Israel vernichtet wird, was sollen wir dann noch in der Welt?" Als Sonne und Mond das Wehklagen hörten, hielten sie ihr Licht zurück, und Elias beeilte sich, Abraham und Isaak, Jakob und Moses wachzurütteln: „Eure Kinder sind in Gefahr, und ihr schlaft?" So gelang es Elias, sie alle zu wecken und das Unheil abzuwenden.

Auf ihn konnte man immer zählen, wenn es galt, Opfer zu schützen, das Böse zu vernichten, Ungerechtigkeiten wiedergutzumachen und Katastrophen zu verhindern. Er war in vieler Hinsicht begabt: politisch, wirtschaftlich, sogar medizinisch. Als Rabbi Shimi bar Ashi von einer Schlange gebissen wurde, heilte ihn Elias. Als Rabbi Yehuda ha-Nassi schlimme Zahnschmerzen hatte, half ihm Zahnarzt Elias.

Aber der Wuntertäter ist auch Geheimnisträger. Die Mystiker lieben ihn: er regt ihr Suchen an und ihre Träume. Das gleiche gilt ebenso für Intellektuelle. Wenn sich zwei Thesen diametral entgegenstehen, ist es an Elias, den toten Punkt zu überwinden. Eines Tages wird er kommen und alle Spannungen, alle Konflikte lösen. Als Richter und Unparteiischer besitzt er das Wissen, das der Wahrheit Recht verschafft.

Es wird immer wieder betont, er vermittle den wenigen Auserwählten geheimes Wissen. Ihm wird sogar ein Buch zugeschrieben – ‚Tana d'bei Eliyahu' –, das seine angeblichen Lehren enthält, die er an einer Schule seines Namens vertreten habe.

Oft verkörpert er die Verbindung zwischen Himmel und Mensch, zwischen Mensch und Mensch. Ihm werden Fragen vorgelegt, die sich auf nie zu offenbarende Geheimnisse beziehen. Nur er allein könnte den Schleier heben und in unsichtbare Heiligtümer vordringen.

Eine Geschichte: Rabbi Barouka aus Huzza besuchte den Markt von Lapet. Eines Tages erschien ihm dort Elias, und Rabbi Barouka fragte ihn: „Ist unter den vielen Menschen hier jemand, der auch an der künftigen Welt Anteil haben wird?" – „Keiner", erwiderte Elias. Unterdessen tauchte ein Mann auf, der schwarze Schuhe trug, aber keine ‚Tziziot' – Fransen – an seinem Rock. „Dieser Mann", bemerkte Elias, „dieser Mann wird daran teilhaben." Daraufhin sprach Rabbi Barouka den Fremden an und fragte ihn nach seinem Beruf. „Ich bin Kerkermeister", sagte der Fremde. „Nachts schiebe ich mein Bett zwischen Männer und Frauen, um sie getrennt und von der Sünde fern zu halten." – „Und warum trägst du schwarze Schuhe?" – „Weil ich traure um Jerusalem." – „Und warum keine Fransen?" – „Weil ich nicht als Jude erkannt werden will. Wenn unsere Herrscher sich gegen unser Volk verschwören, passe ich auf und warne unsere Rabbis, so daß sie beten und die Gefahr abwenden können." Dann tauchten zwei weitere Männer auf dem Marktplatz auf. „Auch diese Männer", sagte Elias zu Rabbi Barouka, „werden an der neuen Welt teilhaben." – „Was tut ihr?" fragte sie Rabbi Barouka. „Wir sind Spaßmacher. Wenn wir jemand traurig sehen, heitern wir ihn auf; wenn Leute sich streiten, bringen wir sie zum Lachen."

Elias ist immer der, der weiter sieht, der größeres Verständnis hat und tiefer fühlt. Er kennt die richtigen Fragen und auch die richtigen Antworten: wann kommt die Erlösung? Welchen Sinn hat menschliches Leiden? Und auch das: was tut Gott, während wir weiter hoffen oder alle Hoffnung in Ihn verlieren, Seinetwegen?

Eine Geschichte: In einem talmudischen Lehrhaus entstand eine heftige Auseinandersetzung über ein gewisses Problem, und Rabbi Eliezer bot seine ganze Überredungskunst auf, konnte sich aber bei seinesgleichen nicht durchsetzen. Da ihm weitere Vernunftgründe fehlten, sagte er plötzlich: „Wenn ich recht habe, soll sich dieser Johannisbrotbaum einige hundert Meter fortbewegen." Und er bewegte sich. Nicht sehr beeindruckt entgegneten seine Kollegen: „Ein Baum kann kein Beweis sein." Also rief Rabbi Eliezer: „Der Fluß soll es beweisen!" Und er tat es: seine Wasser begannen rückwärts zu fließen. Unbeeindruckt zuckten die Kollegen die Schultern: „Flüsse können fließen, wie sie wollen, aber das hat nichts mit unserer Diskussion zu tun." – „Gut", sagte Rabbi Eliezer, „wenn ich recht habe, sollen es die Mauern dieses Hauses bestätigen." Und sie taten es. Sie wölbten sich nach innen und drohten, einzufallen. Aber Rabbi Josua gebot ihnen Einhalt: „Wenn Gelehrte streiten, geht es euch nichts an." Um also Rabbi Josua einen Gefallen zu tun, fielen die Mauern nicht ein, um aber auch Rabbi Eliezer angenehm zu sein, richteten sie sich nicht wieder ganz gerade auf. Rabbi Eliezer war am Ende seiner Weisheit und sagte nur noch: „Wenn ich im Recht bin, dann möge der Himmel es bestätigen." Darauf ertönte eine himmlische Stimme: „Warum seid ihr heute gegen Meinen Sohn, den Rabbi Eliezer? Wißt ihr nicht, daß seine Auslegung Gesetz ist?" Das beeindruckte sie nun doch. Aber Rabbi Josua sprang auf und erklärte: „Das Gesetz ist nicht im Himmel – Stimmen von oben beachten wir nicht. Hier richten wir uns nach der Mehrheit."

Später traf Rabbi Nathan Elias und fragte ihn: „Was tat Gott während dieser Auseinandersetzung?" Und Elias antwortete lächelnd: „Gott hörte zu und sagte lachend: ‚Nitzchuni banai – Meine Kinder haben Mich geschlagen.' "

(Ich möchte eigentlich die Orthographie verändern und

sagen: „Natzchuni banai – bitte, Kinder, besiegt Mich!"
Gott liebt es, von Seinen Kindern geschlagen zu werden,
aber nur in verbalen Auseinandersetzungen.)

Eines Tages strafte Elias Rabbi Josua, indem er ihm aus
dem Wege ging. Warum? Wegen der folgenden Episode.
Ein gewisser Ulla ben Kosheb wurde von der Polizei gesucht; er floh, und Rabbi Josua ben Levi versteckte ihn.
Darauf warnte die Polizei die Einwohner von Lud: „Wenn
wir ihn nicht kriegen, seid ihr alle dran." Daraufhin setzte
Rabbi Josua dem Flüchtling zu, sich zu stellen. Und deswegen war der Prophet zornig.

Genaugenommen hatte er unrecht und der Gelehrte
recht. Das Auslieferungsgesetz ist deutlich: wenn eine
Gruppe Heiden eine jüdische Gemeinde umzingelt und fordert: „Gebt uns einen der euren heraus, und wir werden
ihn töten, sonst töten wir euch alle", muß die Gemeinde
Widerstand leisten. Besser, selbst getötet zu werden, als
einer der Ihren auszuliefern. Wenn aber die Heiden einen
Flüchtigen namentlich nennen, dann muß er überstellt
werden. In diesem Falle, da die Polizei Ulla ben Kosheb
verlangte, mußte ihn Rabbi Josua ben Levi ausliefern, um
die Gemeinde zu retten. Warum war also Elias zornig? Er
selbst erklärte es: „Du hast recht – aber ich liebe nun einmal keine Denunzianten."

Einige Schriftgelehrte fühlten sich deshalb bewogen, ihn
wegen dieser Strenge und Überempfindlichkeit zu kritisieren, und Rabbi José tat es öffentlich. Daraufhin wurde er
von Elias lange Zeit geschnitten. Als sie sich wieder trafen,
sagte Rabbi José: „Habe ich es nicht gesagt? Ihr seid zu
empfindlich."

Aber nicht nur Gelehrte und Heilige werden von Elias aufgesucht. Sie allerdings haben das Vorrecht, ihn zu sehen, aber er sieht alle. Er liebt die armen Leute, die Frommen, die einfachen Menschen. „Gott erwog alle Gaben, die er Israel verleihen könnte, und fand keine bessere als – Armut", erklärte er einmal. Er besuchte alle jüdischen Häuser wenigstens einmal im Jahr – während des Passahfestes und nimmt an allen Beschneidungszeremonien teil. Jeder Jude, der in die jüdische Gemeinde aufgenommen wird, muß von ihm willkommen geheißen werden; er ist in unserer Freude bei uns, wie wir bei ihm.

Aber seine höchste Würdigung erfährt er in der mystischen und chassidischen Literatur, wo er sowohl Lehrer wie Bote ist, Quelle und Gefäß, Form und Inhalt. Gilui Eliyahu ist mehr als ein Begriff, es ist ein Wagnis, das dem messianischen nahekommt. Lurianische Gelehrte der nachspanischen Kabbala beschwören ihn ekstatisch. Die Gefährten des Baal Schem widmen ihm ihre Träume. Von allen Propheten ist es Elias, der die Phantasie beflügelt. Warum? Weil Malachias ihn definitiv mit dem Messias in Verbindung bringt? Wegen des Ausdrucks „Veheshiv lev avot al banim – Er wird Kinder und Eltern versöhnen"? Weil er sieben Jahre nach seinem Tode einen Brief an Jehoram ben Jehosafat schickte? Warum ist er von allen Propheten zum Symbol des Trostes geworden? Warum Elias und nicht Jeremias oder Jesaja? Warum hat seine Legende generationenlang unser mystisches Streben so beeinflußt vor und nach der Verbannung, in Jerusalem und in der Ferne? Elias: der große Held, der romantische Retter, Inbegriff von Ritterlichkeit, Glauben und Mut, besonders in der chassidischen und Midrasch-Literatur.

In diesen Geschichten fällt uns auf, daß, wenn irgendwo von einem Fremden die Rede ist, dieser die Identität des Elias annimmt. Zuerst ist Elias der Unbekannte, und dann wird der Unbekannte Elias. Ein Fremder sagte etwas Richtiges, tut etwas Gutes: das muß Elias sein. Ein Mann ohne

Namen oder Beruf taucht von irgendwoher auf, um einen geheimen Auftrag zu erfüllen: es muß Elias sein. Der beste Beweis dafür ist, daß er nach getaner Arbeit sofort verschwindet. Und sein Verschwinden ist genauso geheimnisvoll wie sein Auftauchen. Er antwortet auf unsere im Innersten gehegten Wünsche: Er ist der zehnte Mann für den Gottesdienst, der geheime Bote, der dem Fürsten rät, seinen schädlichen Erlaß zu widerrufen, der mitleidige Nichtjude, der den Henker in letzter Minute stoppt, der geheimnisvolle Reisende, der im richtigen Augenblick am richtigen Ort eintrifft, der einem verzweifelnden Menschen oder einer verzweifelnden Gemeinde beweist, daß Hoffnung immer möglich ist unter ständig wechselnden Vorzeichen.

Aber eines Tages wird er kommen und bleiben. An jenem Tag wird er den Messias begleiten, mit dessen Schicksal er verbunden ist. Der eine kann seine Mission nicht ohne den anderen vollbringen. Ehe der Messias kommt, muß Elias kommen und ihn ankündigen.

In der Zwischenzeit tröstet und heilt er Kranke. Er spricht den Hilflosen Mut zu. Er wagt es unter Gefahren, den Feinden entgegenzutreten, um das Überleben der Juden zu sichern: wir haben keinen besseren Verteidiger im Himmel als Elias. Er weiß um das Leiden der Juden und spricht mit Gott darüber. Er ist in der Tat Chronist und Historiker jüdischen Leidens. Er registriert jedes tragische Ereignis, jedes Massaker, jedes Pogrom, jede Todesangst, jede Träne; dank ihm gerät nichts in Vergessenheit. Seine hervorragendste Rolle ist die des Zeugen; er ist das Gedächtnis des jüdischen Volkes. Die Legende will es, daß am Ende der Zeit sein Buch die neue Thora werden wird, vom Messias gelesen und gelehrt, so daß die Menschheit für alle Zeiten sich des Leidens, des Wartens und des Sehnens der Juden erinnern wird.

Wir stehen wieder vor unserer Ausgangsfrage: Wie ist diese Wandlung zu erklären? Wie wurde aus dem Propheten des Zornes ein Bote der Verheißung?

Wir könnten es mit Logik versuchen und sagen, die eine Rolle ergäbe sich aus der anderen; weil Gott ihn streng, unnachgiebig und erbarmungslos wollte, wurde er später damit belohnt, Symbol des Gegenteils zu sein. Diese Hypothese wird gestützt durch die ungewöhnliche Art seines Todes: er starb nicht eigentlich, er fuhr nur in einem Wagen von Feuer auf gen Himmel, und deswegen ist er, und nur er allein kann das sein, noch unter den Lebenden, wenn auch in einer anderen Rolle.

Aber studiert man die Quellen gründlich, kommt man zu einer weniger revolutionären Erklärung. Man entdeckt überhaupt keinen Widerspruch zwischen dem biblischen und dem nach-biblischen Elias. Auch zu Beginn der biblischen Erzählung war er gütig und barmherzig. Gewiß war er auch streng, aber nur mit Königen, Herrschern und Tyrannen, nie mit den einfachen Leuten, mit Witwen, Waisen und den Armen. Während der Zeit der Trockenheit war er traurig – Vayichbosh panav –, sein Gesicht war von Schwermut verhüllt, er konnte die Qual seines Volkes nicckt erttragen und ließ es daher wieder regnen.

Er war auch grausam, mit Isebel und ihren Hofpropheten, aber er war zartfühlend mit dem kranken Kind. Er tötete die falschen Propheten, aber er freute sich nicht über ihren Tod.

Dasselbe gilt für den Elias der nachbiblischen Legende. Auch da ist er nicht nur der Vergebende oder der Verbietende; seine Sympathien und Antipathien sind stark. Aber wenn er Anerkennung zollt, tut er das aus vollem Herzen, und wenn er mißbilligt, desgleichen. Seine letzte Tat wird sein, den Tod zu besiegen. Richtig, er wird töten müssen, aber sein Opfer wird der Tod selbst sein.

Wenden wir uns noch einmal dem Beginn unserer Erzählung zu, als Elias und sein junger Freund zum letzten Mal zusammen durch das Land ziehen. Dort finden wir nämlich schon die Erklärung dafür, warum Elias unsere Phantasie so beschäftigt.

Der Prophet kann lieben, kann leiden mit anderen und Freundschaft halten. Als Gott ihm befahl, neue Könige inner- und außerhalb Israels, in Aram, zu salben und Elischa zu seinem Nachfolger zu ernennen, wird er von quälenden Zweifeln geplagt.

‚Vayelekh misham', heißt es im Text. Elias macht sich auf den Weg und findet Elischa beim Pflügen auf den Feldern. Ohne ein Wort wirft ihm Elias seinen Mantel hin. Elischa versteht die Bedeutung dieser Geste, läuft zu ihm und kümmert sich nicht mehr um seine Ochsen. „Laß mich Abschied von meinen Eltern nehmen", sagt Elischa, „dann werde ich dir folgen." – „Was habe ich dir gesagt?" fragt Elias, d.h. mit anderen Worten: „Hast du wirklich meine Geste verstanden und die Bedeutung unserer Begegnung? Wenn ja, gehörst du nicht mehr deiner Familie, bist nicht mehr durch alte Loyalitäten gebunden. Folge mir und nur mir." Und Elischa folgte ihm, und sie waren allein.

Dieser ergreifende Dialog macht uns deutlich, was Prophetie ist, wie sie sich äußert und welche Tragweite sie hat. Ein Prophet gebraucht die gleichen Worte wie jeder andere, und doch nehmen sie auf seinen Lippen eine andere Bedeutung an. Ein Prophet kann im alltäglichen Ereignis und scheinbar sinnlosen Begebenheiten das zeitlose Drama erkennen. Dank dem Propheten wird Zeit biblisch, d.h. herausgehoben.

Und jetzt verstehen wir Elias' Abschiedswort an Elischa: Du willst, daß deine Kräfte doppelt so groß werden wie die meinen? Wenn du mich weggehen siehst, wenn du lernst, die Ereignisse zu betrachten und an ihnen teilzuhaben, wenn du verstehst, Qual und Verzweiflung ins Auge zu sehen und über sie hinauszugelangen, und später von ihnen berichten kannst, dann wird dein Wunsch erfüllt werden: du wirst meine Kräfte haben und die deinen dazu.

Und du wirst sie brauchen. Ich bin dein Lehrer, aber du bist der, der weiterleben wird. Ich dachte, ich sei allein, und ich war es und bin es immer noch, aber nun bist du bei mir, und auch du wirst allein sein und bist es schon. Du wirst predigen und wirst Stärke und Glück brauchen, um dir Gehör zu verschaffen. Du wirst dem Volke sagen, was du gesehen und erlebt hast – und was ich erlebte und erlitt –, und du wirst von meinem Abschied berichten, von meinem Schicksal, und wie es zur Flamme wurde, du wirst von dem Feuer erzählen, das mich von dir wegtrug, und man wird dir keinen Glauben schenken. Und du tust mir leid. Du wirst predigen, und nur wenige werden zuhören, und noch weniger werden begreifen, und noch einmal weniger werden dir zustimmen. Du tust mir leid, Elischa, mein junger Freund, denn was du jetzt sehen wirst, wird nie ein anderer sehen. Und doch wird das Feuer, das mich wegträgt, nicht bei mir bleiben, sondern bei dir. Für immer.

Saul,
einzigartig im Leben und im Tod

Sauls Leben ist die Geschichte einer langen Reise, einsam, melancholisch und qualvoll. Es ist eine erschütternde Geschichte mit Höhen und Tiefen, wie sie nur das Leben schreibt oder Literatur sie erfindet. Sie handelt von Prophetie und Wahnsinn, Freundschaft und Verrat, Eifersucht und Erdulden, militärischer Kühnheit und weltlichem Ehrgeiz, Poesie und Machtstreben. Sogar die Staatswissenschaft findet ihren Platz, und Übersinnliches ist nicht ausgespart.

Sie ist dramatisch, spannend und voller ‚action', spielt auf vielen Ebenen und hat die verschiedensten Hintergründe. Es ist eine von ehrfürchtiger Scheu und Leidenschaft geprägte Geschichte, Mitleid heischend; die handelnden Personen, ständig in Konflikte verstrickt, sind unfähig, sich vom Unglück zu befreien, einem Unglück, das sie verfolgt, dem sie aber auch ihrerseits mit einer Ausdauer nachsetzen, die nur in einer Katastrophe enden kann.

Es geht um die Vereinsamung eines Königs, des ersten und letzten einer Dynastie, um den Niedergang eines Königreiches und die Geburt eines neuen; ein Traum verweht, eine Freundschaft zerbricht. Am Ende der Geschichte bleibt man erschüttert zurück.

Drei Männer gehen schweigend durch die Nacht: der König und seine Leibwächter; wie stumme Schatten bewegen sie sich mit angehaltenem Atem, um kein Geräusch zu machen. Der mächtige Feind, auf Rache erpicht, hat in der

Nähe, in Shunem, sein Lager aufgeschlagen. Um En-dor zu erreichen, einen kleinen Ort in den Vorbergen von Harei-Ephraim, müssen sie auf schmalem Pfad am Lager der Philister vorbeigehen. Die geringste Unachtsamkeit, ein kleiner Irrtum könnten tödlich sein.

Nach mehreren Stunden erreichen die drei ihr Ziel. Endor schläft, in Dunkelheit gehüllt, die Häuser nicht zu erkennen, das Dorf reglos, leblos. Die drei Besucher finden dennoch ihren Weg. Vielleicht kennen die Begleiter des Königs den Ort. Einer von ihnen kennt auch die Person, die der König sprechen möchte: die hier lebende Hexe, eine der letzten, denn der König hatte die meisten umbringen lassen.

Der König verlangt, sie solle die Verbindung mit einem Verstorbenen herstellen. Sie fragt: „Mit wem?" Immer noch incognito antwortet der König: „Shmuel – Samuel." Sie läßt ihren Zauber wirken, und tatsächlich kommt Samuel zurück von der anderen Seite, aus der Welt der Toten.

Erst jetzt erkennt die Hexe den König. Sie erschrickt, aber er beruhigt sie. Ihr wird nichts geschehen, sie ist sicher. Aber er selbst, der König, fühlt sich durchaus nicht sicher. Wie könnte er auch? Der Prophet Samuel spricht zornig mit ihm: „Warum störst du meinen Frieden?" – „Ich brauche dich", sagt der unglückliche König. „Ich brauche Hilfe. Ich ziehe morgen in den Krieg, ohne zu wissen, ob Gott mit mir oder gegen mich ist. Ich habe Angst. Hilf mir; du allein kannst es. Sag mir Gottes Willen, nur du kannst es, da Gott sich weigert, zu mir zu sprechen oder auch nur meine Anwesenheit wahrzunehmen. Für ihn existiere ich nicht. Du, der Prophet und Verteidiger des ersten Königs Gottes, du mußt mir zu Hilfe kommen."

Aber Samuel im Totenreich weigert sich und bleibt zornig. „Du willst meine Hilfe? Jetzt? Zuerst leugnest du Gottes Wort, machst Gottes Befehle lächerlich, und nun willst du Hilfe? Du bist verloren, und es ist Zeit, daß du das einsiehst. Deine Feinde werden dich in der Schlacht schlagen, du wirst umkommen und schlimmer noch: dein Königreich wird mit dir zugrunde gehen. Ein anderer wird dir nachfolgen, wird König von Israel werden – und sein Haus wird nie untergehen."

Der Prophet verschwindet, und König Saul bleibt in Verzweiflung zurück, unfähig zu sprechen, zu weinen, sich zu bewegen, zu protestieren, zu schreien oder auch nur seine Qual und Angst der Geschichte ins Angesicht zu schleudern, in die Nacht hinein zu rufen, eine Nacht, die immer bedrohlicher wird. Er möchte in sein Hauptquartier zurück, nach Hause. Aber er fühlt sich schwach. Die Hexe hat Mitleid mit ihm und bietet ihm zu essen an. „Iß", sagt sie, „es wird dir guttun." Gleichgültig, hochmütig weist er ihr Mitleid zurück.

Lassen wir das Übersinnliche beiseite, so wird die Szene realistisch, fast grotesk: die beiden Begleiter drängen ihn gemeinsam mit der Hexe, er möge essen, bis er einwilligt. Und so nimmt Saul, einst ein mächtiger und siegreicher Herrscher, seine letzte Mahlzeit ein. Dann geht er in sein Lager zurück, wo seine Söhne, Offiziere und Soldaten ihn erwarten. Er geht langsam, langsamer als sonst, gedankenverloren: er weiß, es ist seine letzte Nacht. In seiner letzten Schlacht wird er auf niemanden zählen können, morgen ist für ihn und seine Verbündeten alles vorbei. Er weiß es und geht dem Tod allein entgegen. Der von Gott gesalbte König ist allein wie Gott und wie Er – stumm.

Wie ist Sauls seltsamer nächtlicher Besuch in En-dor zu verstehen? Wollte er Samuel noch einmal sehen, um Gott wieder nahe zu kommen? Wußte er nicht, daß der Weg zu Gott niemals über eine Gesetzesübertretung führt? War ihm nicht klar, daß die Bitte an die Hexe um Hilfe ihn nur weiter von der einzigen Quelle seines Heiles entfernte? Hatte er wirklich angenommen, Samuel, Prophet und Priester, Bote Gottes, würde nicht Worte des Zornes an ihn richten? Oder war er verzweifelt? Und wenn ja, waren die Menschen daran schuld, die ihn verlassen hatten, oder Gott, der ihn zurückwies? Wenn Gott die Ursache seiner Verzweiflung war, warum wandte sich Saul dann nicht direkt an Ihn ohne Vermittlung? Kam er vielleicht zu Samuel, wohl wissend, daß sowieso alles vergeblich war? Hatte er vielleicht von vornherein gewußt, daß dieses Zusammentreffen nichts ändern würde? Ist es möglich, daß er nach En-dor kam, um besiegt und noch einmal gedemütigt zu werden? Um Samuels Zorn und der alten Hexe Mitleid hervorzurufen? Um seinen Untergang offen zu zeigen und zu beschleunigen? Den Prozeß der Selbstzerstörung einem Höhepunkt zuzutreiben?

Das sind nur einige der brennenden Fragen, die auftauchen, wenn wir das Leben und den Aufstieg König Sauls untersuchen. Es sind ihrer noch viele mehr, und einige werden zwangsläufig unbeantwortet bleiben. Aber dennoch können schon die Fragen zu einem besseren Verständnis eines außerordentlichen Mannes führen – außerordentlich wegen der Probleme und Ereignisse, die mit seinem Namen verbunden sind. Er wirkt erschütternd und geheimnisvoll, beunruhigend und menschlich, zutiefst menschlich – selbst in seinem Scheitern.

Die Hauptgestalten des Dramas? Samuel: Richter und Prophet. Saul: Prophet und König. David: König und Poet. Saul ist uns sofort sympathisch. Er ist hoheitsvoll und zugleich bescheiden, erweckt Sympathie und fordert Respekt. Nach seiner Krönung bezieht er keinen luxuriösen Palast und ist nicht auf Lob und Ruhm aus. Er arbeitet wie jeder andere, benimmt sich wie jeder andere und nützt seine Stellung, um die Sicherheit seines Landes zu festigen. Nachdem er Samuels Verfassung angenommen hat, beruft er einen Staatsrat aus Ministern und Offizieren, verwandelt jedes Dorf in eine Festung und jeden Bewohner in einen Kämpfer.

Als Nahas, König der Ammoniter, über den Jordan hinweg die Stämme in Gilead angreift, ruft Saul zu gemeinsamem Handeln auf. Er läßt ein Gespann Ochsen zerstückeln und schickt sie mit der Warnung an die Nachbarstämme, ihnen werde das gleiche geschehen wie den Ochsen, wenn sie nicht Samuel und Saul Folge leisteten. Und jedermann versteht und macht mit.

Israels politische Geschichte beginnt mit Saul, und unter seiner Herrschaft wird es zu einer Macht, mit der man rechnen muß. Aber warum wurde er dann so erniedrigt? Warum endete sein Königreich mit ihm? Warum wurde er dazu verdammt, mit einer Vergangenheit zu leben, eine Zukunft ihm aber verweigert? Weil er Samuels Empfindlichkeiten beleidigt hatte? Weil er das Leben Agags, des Königs der Amalekiter, schonte? Oder weil er die alte Hexe in Endor besuchte? Oder einfach weil Gott seine Meinung änderte und plötzlich David vorzog? Saul war ein guter und treuer Mann, der auf Verlangen Gottes seines Vaters Haus verließ. Nie hatte er davon geträumt, König zu werden, nie die Herrschaft über andere erstrebt. Gott hatte ihn für eine Aufgabe auserwählt, die er nicht gesucht hatte. Warum wurde er also verleumdet, verurteilt und bestraft? Hat Gott ihn an Sich gezogen, nur um ihn härter zu treffen?

Kein Wunder, daß er die Phantasie großer Dichter beflügelte, auch Maler und Komponisten. Rembrandt und Holbein, Byron und Rilke, Lamartine, Händel, D.H. Lawrence und André Gide wurden durch die tragische Würde, den romantischen Ernst seines ungewöhnlichen und doch beispielhaften Schicksals angeregt. Mehr als alle folgenden Könige hat Saul schöpferische Geister auf den Plan gerufen. Anders als David, dessen historische und metaphysische Wirkung größer war, fesselt Saul jeden, der das Judentum von ästhetischen und ethischen Standpunkten aus betrachtet. David und seine Eroberungen erfüllen uns mit Stolz, aber Saul und seine Niederlagen faszinieren uns. Saul ist komplizierter, zerrissener und gequälter als David; er erhebt uns auf Bergeshöhen, um uns dann in Abgründe zu stürzen. Wenige Sterbliche erleben so viele Wandlungen, so viele dramatische Ereignisse oder Zusammenbrüche wie Saul; wenige Schicksale verliefen in einem so schnellen Tempo, erlitten so viele Rückschläge in so schneller Abfolge. Wenige Menschen erreichten einen solchen Ruhm, und wenige verloren ihn aus solch absurden Gründen.

Saul: eine Flamme im Sturm. Eine Geschichte von Einsamkeiten, einem wunderbaren Abenteuer, das in Verbitterung endet, oder wie André Neher es in seiner scharfsinnigen Analyse dieses Mannes nannte: einer Fehlleistung. Saul: eine Geschichte, in der Mitleid unangebracht ist.

Die Erzählung beginnt mit einer ziemlich banalen Episode, die von Mauleseln handelt, die sich zufällig, ohne nähere Erklärung, auf der Weide verlaufen haben. Ihr Besitzer, ein Mann aus dem Stamme Benjamin, schickt seinen Sohn Saul, sie zu suchen, ohne Erfolg. Statt dessen trifft er Samuel, der ihm ohne jede Vorbereitung oder Erklärung eröffnet, er werde König werden.

Plötzlich ändert sich Saul: er wird ein anderer Mensch, der Text betont ausdrücklich: ‚venihye leish acher.' Unter dem Einfluß Samuels wird er zu einem Boten Gottes, zu einem Menschen, der über den anderen steht, zu jemand, der ein Geheimnis hat. Vom Schicksal herausgehoben, gehört er zu den Auserwählten. Von diesem Augenblick an wird auch seine Sprache eine andere, es geht nicht mehr um die tägliche Arbeit und den Lebensunterhalt. Er vergißt seine Maultiere, sein Sinn steht nach etwas anderem, seine Seele ist in Aufruhr. Er schließt sich einer Gruppe wandernder Propheten an und benimmt sich genauso wunderlich wie diese. Singend, tanzend und schreiend beteiligt er sich ekstatisch an ihren Gottesdiensten. Seine früheren Freunde geben ihrer Verwunderung laut Ausdruck: „Was? Saul – ein Prophet?" Es scheint absonderlich, unglaublich, unmöglich. Sein Onkel fragt ihn: „Das ist ja alles schön und gut, sehr unterhaltsam, aber wo sind die Maultiere?" Und Saul muß von der erhabenen Ebene geistiger Hochstimmung herniedersteigen in irdische Gefilde. Muß über – Maultiere reden. „Reg dich nicht auf", sagt er, „man hat sie gefunden." Mehr sagt er nicht. Er spricht nicht von der großen Wandlung, die er durchgemacht hat, einer Wandlung, die aus dem armen Hirten, der er war, geradewegs einen König machte. Er behält sein Geheimnis für sich. Noch nicht einmal die Propheten, seine Freunde, erfahren etwas.

Das Erstaunen, das sein Anschluß an die Propheten hervorruft, beweist, daß er gar nicht in diese Rolle paßt; weder sieht er aus wie ein Prophet, noch benimmt er sich so. Er ist weder besonders fromm noch gelehrt, gesetzestreu, weise oder asketisch. Was ist er also?

Die Bibel beschreibt ihn als jung, gut aussehend, gutherzig und groß gewachsen: größer und breitschultriger als die anderen Männer in Israel. Er ist rechtschaffen und zurückhaltend wie viele große Menschen, die ihre physische Kraft eher als lästig empfinden. Er ist ein guter Sohn, der auf seinen Vater hört und ohne Gegenrede seine Befehle ausführt. Drei Tage sucht er nach den verlorenen Maultieren, weil sein Vater es ihm befohlen hat. Sein Vater hat die Idee gehabt, Samuel zu besuchen, Saul selbst hätte nie die Initiative ergriffen. Und als dieser Prophet davon redet, Saul sei zum König ausersehen, antwortet er bescheiden, er verdiene eine solche Ehre nicht und übrigens warte sein Vater auf ihn . . . und auf die Maultiere.

Der Midrasch beschreibt ihn poetischer, kunstfertiger und weniger realistisch. Er sei rein und „naiv wie ein einjähriges Baby". Er liebe sein Volk, sei Gott ergeben und immer bereit, sich im Namen Israels und des Gottes Israels zu schlagen, als trefflicher Jude und tapferer Soldat befolge er auch während militärischer Unternehmungen die religiösen Vorschriften. Seltsamerweise scheint ihn der Midrasch David vorzuziehen. Es heißt dort, David habe viele Frauen, Saul nur eine. David marschiere hinter der Truppe, Saul führe seine Leute in die Schlacht. David nähme gerne, Saul liebe es zu geben. Nach dem Sieg über Amalek teilt Saul die Beute und gibt jedem der 200 000 Soldaten ein Schaf. David hat Kummer mit seinen Kindern, Saul nicht.

Ist Saul wirklich, wie der Midrasch ihn nennt, ‚Bekhir adoshem', der Auserwählte Gottes? Ja und nein. Samuel und, hinter ihm stehend, Gott wollen Saul nicht als König aus dem einfachen Grunde, weil sie überhaupt keinen König wollen. Gott und er allein ist der König Israels. Und Israel muß Ihm dienen und nur Ihm. Ihm und nicht launischen, eitlen, arroganten, grausamen und sterblichen Tyrannen. Samuel spricht das deutlich aus: „Und die Ältesten Israels baten Samuel, für uns einen König zu ernennen, damit er über uns herrsche, wie es bei anderen Völkern üblich ist." Samuel, der höchste Richter, scharfsinnig und das offene Wort liebend, versucht es ihnen auszureden und warnt: „Der König wird euch ausnützen, er wird eure Männer als Soldaten gebrauchen und eure Frauen als Dienerinnen." Aber seine Warnungen treffen auf taube Ohren, sie bleiben bei ihrem Wunsch, sie wollen einen König, sie wollen sein wie die anderen Völker. So erfüllt ihnen Samuel im Namen Gottes und in Ermanglung einer besseren Lösung ihren Wunsch und wählt Saul, der, und das ist charakteristisch, weder Richter noch Priester, noch Prophet ist, wohl um dadurch zu betonen, daß wenn schon ein König sein muß, er aus dem Volke kommen und dort verwurzelt bleiben sollte.

Jetzt beginnt für Saul eine neue Phase. Er gehört nicht länger nur seiner Familie oder seinem Stamm, sondern dem ganzen Volk von Israel. Von Samuel berufen und heimlich gesalbt, soll Saul von allen Stämmen, die sich in Mizpa versammeln, gewählt, gekrönt oder jedenfalls bestätigt werden.

Es sei nicht verschwiegen, daß Saul sich zunächst verbergen möchte. Ist das ein Spiel? Anstatt ihn bei seinem Namen zu nennen, läßt Samuel die Männer aller Stämme vorbeidefilieren und sieht sie schweigend an. Schließlich merken sie, daß einer fehlt, und man findet Saul beim Troß. „Er ist es", sagt Samuel, „er ist euer König." Und das Volk ruft: „Lang lebe der König." Und „Samuel sagte dem Volk alle Rechte des Königtums und schrieb sie in ein Buch". Es ist gewissermaßen die erste Verfassung der Geschichte, die sowohl Verpflichtungen wie Rechte des Königs im Hinblick auf seine Untertanen festlegt. Darauf schickt Samuel alle nach Hause, sogar Saul, obgleich er König ist. Ein König wider Willen, kehrt Saul in sein bisheriges Leben zurück. Und der Text verschweigt durchaus nicht, daß sich von Anfang an unter Sauls neuen Untertanen solche befinden, die ihre Unzufriedenheit nicht verbergen. Aber Saul sagt nichts, und auch Samuel, dem es zu Ohren kommt, sagt nichts. Also beginnt die Regierung König Sauls nicht unumstritten.

Sein erstes Problem entsteht aus seinem Verhältnis zu Samuel, ein von den Personen unabhängiger Konflikt zwischen geistiger und weltlicher Macht, zwischen dem Propheten und dem Herrscher. Der Prophet mischt sich in die politischen und sozialen Angelegenheiten des Volkes ein, und natürlich wehrt sich der König. Saul behält eine Art Souveränität, kann aber nicht die überragende Gestalt Samuels ignorieren, die hinter ihm steht, als ob er ihn beobachte, führe und überwache. Ob der König will oder nicht, er kann nichts tun, ohne zuvor den Propheten zu fragen, der nun zu seinem Hauptmentor und zu seinem Gewissen wird.

Gefällt ihm das? Stört es ihn? Vielleicht beides. Klingt das paradox? Saul bleibt in allem seinem Tun ein lebendiger Widerspruch. Einerseits ärgert ihn Samuels Autorität, aber andererseits braucht er ihn. Sobald der Prophet sich entfernt, fühlt sich der König verloren, unsicher. Er wünscht nichts sehnlicher, als seine Macht mit dem Vertreter Gottes auf Erden zu teilen. Man stelle sich vor: er stört sogar Samuels ewigen Frieden, um seinen Rat und Hilfe zu erhalten. Er kann sein Amt ohne ihn nicht ausüben, und das beunruhigt ihn.

Seine zwiespältigen Gefühle gegenüber Samuel werden noch durch andere Umstände kompliziert. Saul weiß, er verdankt Samuel sehr viel, wenn nicht alles. Trägt er es ihm nach, wenn er an diese Schuld erinnert wird? Außerdem weiß Saul genau, daß Samuel gegen eine Monarchie ist. Aus Prinzip? Sicher. Aber unbewußt könnte Saul doch einige Zweifel in dieser Hinsicht hegen, denn kann er sicher sein, daß Samuels Opposition nicht persönlich motiviert ist?

Wir dürfen nicht vergessen, daß das Entstehen des Königtums verbunden ist mit der Abschaffung der Institution der Richter, deren letzter Samuel war. Seine eigenen beiden Söhne, Joel und Abija, waren nicht sehr geachtet, weil sie ihrem Vater nicht glichen. Obgleich als örtliche Richter eingesetzt, verdächtigte man sie der Korruption. Anstatt zum Volke hinzugehen, wie es ihr Vater getan hatte, ließen sie die Leute – und zwar die falschen – zu sich kommen. Deswegen konnten sie nicht die Nachfolge ihres Vaters antreten, und Samuel mußte zulassen, daß Saul das Amt übernahm. Der Richter hätte also durchaus bittere Gefühle gegenüber dem König hegen können, zumindest hätte der König das annehmen können. Daher die Unsicherheit Sauls gegenüber Samuel sein ganzes Leben lang.

Aber das gleiche galt auch für die Beziehungen zu anderen Menschen in seiner Umgebung: zu seinem Lieblingssänger David; seiner Tochter Michal; seinem Sohn Jonathan und sogar ... Gott. Um diesen eigenartigen und doch seltsam ansprechenden Charakter zu verstehen, sollte man den Schauplatz und den Hintergrund seiner aufregenden Karriere untersuchen.

Wir sind in der Mitte des 10. Jahrhunderts v. Chr. Das Volk Israel wird von seinen Nachbarn unterdrückt und belagert und ist in sich und seinen Stämmen gespalten. Jeder kämpft für seinen eigenen Grund und Boden, seine eigenen Ziele und ist gleichgültig gegenüber dem Schicksal der anderen. Der Feind ist mächtig und rücksichtslos – und allgegenwärtig. Die feindlichen Heere sind zahlreich: die Edomiter, die Moabiter, die Aramäer, die Ammoniten, die Amalekiter. Das geschlagene, gedemütigte Volk Israel verfügt nicht mehr über das notwendige Eisen zur Herstellung von Schwertern, die Philister haben es geraubt, ebenso wie ‚Aron habrit', das Heiligtum, in dem die heiligsten Schriften des Judentums aufbewahrt waren. Israel – entwaffnet; das Volk Gottes – besiegt, dieses Volk, das doch für Gottes Ruhm und Ewigkeit Zeugnis ablegen sollte. Überall herrschen Furcht und Resignation. Und dann, eines Tages, läßt

König Nahas von Ammon den Bewohnern von Jabesh-Gilead mitteilen, sie würden überleben, wenn sie sich ergeben, aber jeder mit nur einem Auge. Um sie lächerlich zu machen und noch mehr zu schrecken, sagt er ihnen: „Lauft, lauft sieben Tage lang, wohin immer ihr wollt, und versucht, bei irgendeinem Volke Zuflucht zu finden; wir werden euch einholen, und ihr werdet vor uns auf den Knien liegen."

In ihrer Verzweiflung wenden sich die Bewohner von Jabesh-Gilead an Saul um Hilfe. Würde er ihnen Rettung bringen? Er nimmt die Herausforderung an, organisiert einen Gegenschlag und rettet die Ehre Israels, rechtfertigt auch die Hoffnungen, die die Geschichte in ihn gesetzt hat. Saul: militärischer Führer, Befehlshaber und Schutzherr seines Volkes, Verteidiger seines Namens. Saul: Richter, Lehrer, König – eine Mischung von Samson, Samuel und David. Als erster macht er seinem zerstreuten Volk das Prinzip nationaler Einheit und Verteidigung zur Pflicht; als erster sieht er die Ereignisse in ihrer historischen Perspektive; als erster nennt er Solidarität eine nationale Pflicht: wird ein Teil des Volkes angegriffen, sind alle betroffen. Unter seiner Herrschaft wird das Volk Israel zu einem Ganzen, nicht nur geistig, sondern auch physisch und militärisch.

Da Saul ausersehen wurde, Krieg zu führen, findet er keinen Frieden mehr; bis zu seinem letzten Tage bekämpft er die Feinde seines Volkes. Es sind ihrer immer genug, die ihn herausfordern. Kaum ist es an der Front im Süden ruhiger geworden, geht es im Norden wieder los. Weder Israel noch seine Feinde erringen je einen endgültigen Sieg. Daher herrscht ständig und überall Unsicherheit, ein Gefühl kollektiver und individueller Gefährdung. Auch der König wird davon beeinflußt. Er wird niedergeschlagen, mißtrauisch, reizbar auch in seinem Privatleben. Genau wie er stets

Feinde an den Grenzen vermutet, argwöhnt er Verschwörungen in seiner engsten Umgebung. Armer König, er hat eben letzten Endes keine königliche Tradition oder ererbte Erfahrungen hinter sich, auf die er sich stützen könnte; er weiß nicht, wie Könige sich benehmen sollten; da er sich ständig umzingelt fühlt, braucht er einen Lehrer, der ihm rät, was wann und wo zu tun und zu sagen ist. Um seine innere Unabhängigkeit durchzusetzen, beschließt er eines Tages, nicht auf Samuel zu warten, sondern ohne ihn mit Opferzeremonien zu beginnen. Samuel bekommt natürlich einen Wutanfall und prophezeit seine sofortige Bestrafung: das Haus Sauls wird fallen. Saul begreift, daß er sich nie von seinem privaten und nationalen Lehrmeister wird befreien können. Und diese Erkenntnis muß ihn genauso geschmerzt haben wie die Prophezeiung über die Zukunft seines Königtums.

Er wird niedergeschlagen, traurig, in sich gekehrt, und er neigt zu Wutanfällen und Depressionen. Von Zeit zu Zeit läßt er sich von seltsamen Zwängen treiben. Er tötet z.B. alle Priester Nobs und alle jene, die angeblich übersinnliche Fähigkeiten besitzen – mit anderen Worten alle, die sich der königlichen Autorität entziehen können und ihm seine eigenen Grenzen zeigen.

Um das Unglück voll zu machen, taucht ein neuer Held in seinem Leben und dem seines Volkes auf: David, ebenso mutig und schön wie Saul und gleichfalls von Gott auserwählt, über sein Volk zu herrschen – über das gleiche Volk. Saul liebt und haßt ihn aus den gleichen Gründen: wegen seiner Intelligenz, seines Mutes, seiner dichterischen Gaben, seiner musikalischen Fähigkeiten und seiner Loyalität. David ist das, was Saul einst war: er ist der, der Saul sein möchte.

Sobald David die Szene betritt, stiehlt er die Schau. Goliath bietet Saul die Stirn, aber David antwortet auf die Herausforderung und besiegt ihn. Nur die Stimme Davids kann singend die Dunkelheit in Sauls Seele zerstreuen. Wie Samuel seine Zweifel vertreibt, so verjagt David seine Traurigkeit. Und genau wie Samuel braucht Saul auch David in seiner Nähe, und es ist unvermeidlich, daß ihn das eines Tages aufbringen wird, wenn er erkennt, wie abhängig er von David ist. Wie im Falle Samuels wird Saul gewahr, wie unsicher er sich auch in dieser menschlichen Beziehung fühlt. Der König ist König, aber er ist nicht souverän.

Saul stößt sich sogar noch mehr an David als an Samuel. Der Prophet ist streng, und selbst in seiner unglücklichen Verfassung versteht der König diese Strenge. Aber David ist anmutig, hilfsbereit und freundlich, stets freundlich, beinahe ärgerlich freundlich, und Saul kann nicht begreifen, warum David so anhänglich, so ergeben ist. Was kann der junge Mann wollen, worauf ist er aus? Er muß doch einen Grund haben, ein Motiv ... Saul kann einfach nicht glauben, daß Davids Anhänglichkeit echt ist und selbstlos. Um ganz sicherzugehen, versucht der König, ihn mit seiner ältesten Tochter zu verheiraten. David lehnt das Angebot ab, als ob er betonen wollte, daß er für seine Dienste keine Belohnung erwartet – und das verwirrt Saul noch mehr. Schließlich macht er einen neuen Versuch und bietet seine jüngste Tochter, Michal, an. War sie schöner als ihre Schwester, oder war David versöhnlicher gestimmt? Oder hielt er es für unhöflich, einen König und Vater zweimal zu kränken? Auf jeden Fall nahm er das Angebot, Michal zu heiraten, an.

Nun wäre es die natürlichste Sache der Welt für David, seinem Schwiegervater zu dienen, und Saul brauchte sich nicht länger zu beunruhigen. Aber er bleibt mißtrauisch. Er meint, David sei zuviel in seiner Nähe und verbringe nicht genug Zeit bei seiner Frau Michal. Wenn er nicht bei ihm ist, fragt sich Saul, wo er denn sei, was er tue, mit wem er intrigiere. Er ist immer mehr überzeugt, David wolle die Macht ergreifen und ihn auf dem Thron ersetzen. Und doch braucht er ihn. Und weil er sich also befreien will von diesem inneren Bedürfnis, Davids melodiöser Stimme zu lauschen oder von ihm unterhalten zu werden, fühlt sich Saul getrieben, David zu verfolgen, zu quälen und zu strafen. Er ist sogar bereit, ihn zu töten, da er Machiavellis Lektion noch nicht gelernt hat, daß politische Morde zum Scheitern verurteilt sind; kein König hat es je fertiggebracht, seinen Nachfolger umzubringen. Aber in diesem Punkt geht Saul eben auch irrational vor. Er haßt David, weil er ihn liebt; er will ihn beseitigen, weil er ihm verfallen ist. Saul will töten, um sich zu befreien, von David zu befreien, von seiner Liebe zu ihm. Davids Leben ist mehr als einmal in Gefahr; er wird immer von Michal oder ihrem Bruder Jonathan gerettet, die ihn warnen. Wenn Sauls Stimmung bedrohlich wird, hinterbringen sie es ihm und verhelfen ihm zur Flucht. Ergebnis: Sauls Wut steigert sich, wird grenzenlos. Die ganze Welt, einschließlich seiner eigenen Kinder, ist gegen ihn.

Trotz oder wegen seines vielschichtigen Wesens wirkt Saul unendlich ergreifend, man muß mit ihm fühlen. Seine Traurigkeit ist weder Paranoia noch Wahn, sie wurzelt in der Realität. Und wir verstehen seinen Zorn. Man erinnere sich, daß er es war, der sein Volk militärisch und psychologisch auf Krieg und Sieg vorbereitete, und doch geht schließlich David als Sieger hervor. Schlimmer noch: David wird auf Sauls Kosten gelobt; ein Vergleich mit dem alten König muß natürlich zugunsten des jungen Kriegers ausfallen. Was sagt der Mann auf der Straße? Saul habe den Feind zu Tausenden getötet, David aber zu Zehntausenden! Warum stellt dieses undankbare Volk so billige Vergleiche an? Warum kann es nicht David preisen, ohne den alten König zu verletzen? Warum geht Samuel als Prophet und Gottes Wortführer so weit, David heimlich, hinter des Königs Rücken zu salben? Kein Wunder, daß Saul empört ist und bestrebt, den jungen Thronräuber loszuwerden. Muß er nicht annehmen, daß David absichtlich, bewußt und hinterlistig seine Nähe gesucht hat, um ihm angeblich zu helfen und ihn zu unterhalten, in Wirklichkeit aber seine Krone und sein Königreich stehlen wollte! Wenn er zu diesem Schluß gekommen ist, konnte sich dann der König noch anders verhalten? Sollte er die Schultern zucken und sein Schicksal mit Gleichmut annehmen? Unmöglich! Je mehr er über David nachdenkt, um so mehr glaubt er, dessen Durchtriebenheit und Opportunismus zu entlarven. David erweist sich nicht nur als geschickter Drahtzieher und Politiker, sondern er bringt es auch fertig, Saul die Liebe aller derer zu stehlen, die ihm am nächsten stehen: zuerst Samuel, dann Michal und Jonathan! Wie sollte man nicht Sympathie für Saul empfinden, den tragischsten und einsamsten der Könige? Wie sollte man nicht seine Partei ergreifen? Zwangsläufig fühlt man sich jetzt Saul enger verbunden als David.

Besonders, da Davids Benehmen in der letzten Phase der Regierung Sauls ausgesprochen unmoralisch wirkt. Einmal abgesehen von Sauls Mißtrauen und persönlicher Feindschaft, wo ist David, als Saul sich und sein Heer vorbereitet, dem Feind in einer letzten Schlacht entgegenzutreten? Dort, wo er nicht sein sollte – auf der Seite des Feindes, in einer seiner Festungen, Ziklag, wo er seine Neutralität beteuerte. Man stelle sich vor: jüdische Soldaten ziehen in den Krieg, um ihre Heimat und ihre Ehre zu verteidigen, und David schließt sich ihnen nicht an. Will er etwa beiseite stehen und zusehen, während Juden vielleicht zu Hunderten getötet werden? Das Volk ist in Gefahr, über Israel könnten Schande und Niederlage kommen – und David will Zuschauer bleiben? Weiß er nicht, daß im Krieg Neutralität ein Frevel ist und dem Angreifer nützt? Auf wen kann sich also Saul in dieser Lage verlassen? Zugegeben, David floh nach Ziklag, um Sauls rachsüchtigem Zorn zu entgehen, aber jetzt ist Krieg! Warum kommt er nicht zurück, um seine Truppe anzuführen? Saul braucht ihn mehr denn je – er würde ihn ehrenhaft empfangen! Bleibt David aus Angst in Ziklag oder aus Schwäche? Aber wenn ein Held wie David Schwäche zeigt, wie kann Saul dann auf die Entschlossenheit seiner Offiziere und seiner Soldaten zählen? Kein Wunder, daß Saul einige Stunden vor dem Angriff mit jemand sprechen muß – und sei es eine Hexe! Von seinen Verbündeten verraten, seinen Freunden verlassen, von Gott verworfen – an wen soll er sich sonst wenden?

Gott ist gegen ihn, und Saul weiß es: hat Samuel das nicht immer wieder gesagt? Der endgültige Bruch kam während der unglücklichen Episode mit dem Amalekiterkönig Agag. Ja, Saul gehorchte Samuel nicht und weigerte sich, seinen königlichen Gegner hinzurichten; ja, er folgte seinem Gefühl, seinem Mitleid und wurde sein eigenes Opfer. Reicht das, ihn unwiderruflich zu verdammen? Ja, sagt Samuel, weil Saul zu freundlich sei, zu barmherzig, weil er keinen Menschen enthaupten will, und sei es auch der Feind, so wird er dazu verurteilt, seine Königswürde zu verlieren. Vor die Wahl gestellt, auf die Stimme des Himmels oder die seines Herzens zu hören, hört er auf sein Herz. In unseren Augen kann ihn diese Sünde nur noch liebenswerter machen. Wenn Edelmut und Mitleid Sünde sind, wie sollte man den Sünder nicht lieben?

Sauls Menschlichkeit wird in der Midrasch-Literatur betont und mit tiefem Verständnis bedacht. Wir erfahren, daß er sich nicht nur weigerte, Agag zu töten, sondern auch die Nichtsoldaten unter den Amalekitern sowie ihre Herden. Entgegen Samuels strengen Befehlen argumentierte er wie folgt: verbietet nicht die Thora das Schlachten eines Tieres und seiner Jungen an ein und demselben Tag? Wie könnte ich dann, folgerte er, Eltern und Kinder am gleichen Tag töten? Und er fuhr fort: „Selbst wenn Menschen gesündigt haben, welche Schuld hat ein Tier? Selbst wenn Erwachsene Verbrechen begingen, was haben die Kinder getan?"

Wie sollte man Saul um dieser Fragen willen nicht lieben? Man fragt sich, ob er überhaupt eine Antwort erwartete. Nun ja, er bekam eine, nicht von Samuel, dem es sicher schwerfiel, solche Argumente zu widerlegen. Die Antwort kam direkt von einer ‚Batkol', einer himmlischen Stimme, die ihn zurechtwies: „Übertreibe nicht – sei nicht gerechter als nötig." Übermäßige Barmherzigkeit kann Sünde sein. Trotzdem weigerte er sich zu töten.

Das war sein Fehler, sagt der Midrasch. Denn Haman sollte Agags Nachfolger werden, und das heißt, Saul ist verantwortlich für Hamans späteres Massaker an Juden. Oder, wie es Resh-Lakish ausdrückte: „Wer einem grausamen Menschen Mitleid zeigt, wird schließlich grausam sein zu denen, die ihrerseits des Mitleids fähig sind." Alles ist eine Frage des richtigen Zeitpunktes: unangebrachtes Mitleid ist potentiell nicht weniger gefährlich als ungerechtfertigte Grausamkeit. Und deswegen verdiente Saul, bestraft zu werden.

Und trotzdem rührt uns seine Menschlichkeit. Vor der Wahl zwischen einem zu grausamen König und einem, der nicht grausam genug ist, ziehen wir den letzteren vor. Schließlich hat Saul nie eine Stellung erstrebt, die ihn verpflichtete zu töten. Gott zwang ihm diese Position auf, ohne ihm je mitzuteilen, daß Würde und Autorität eines Königs auch Blutvergießen nötig machen können. Konnte er sich nicht an Gott wenden und fragen: „Sag mir, Herr des Weltalls, warum erhobst Du mich so hoch, wenn Du doch vorhattest, mich später hinabzustürzen? Warum hast Du mich zum König gemacht, nur um mich später zu verstoßen – und aus welchem Grund? Weil ich es nicht fertigbrachte, einen Menschen zu töten, einfach so, Auge in Auge? Du wußtest von Anfang an, daß David König werden und sein Geschlecht und nicht das meine die Zeiten überdauern würde. Wozu brauchtest Du mich? Warum machtest Du einen Narren, einen Henker aus mir? Warum ließest Du mich eine Rolle auf Davids Bühne spielen, ohne mir zu sagen, daß es nur ein Spiel war?"

König wider Willen, Held oder Anti-Held gegen seinen Willen, begab sich Saul zur Hexe, nicht um dort Samuel und Gott zu finden, sondern ihnen mitzuteilen, daß er mit ihnen gebrochen hatte. Das Spiel war aus.

Das Ende ist dramatisch. Allein gelassen, allein mit seinen Söhnen und Soldaten, allein mit der schrecklichen Wahrheit, geht er in die Schlacht in dem Bewußtsein, daß alles verloren ist. Er bittet seinen Waffenträger, ihn zu töten. Und als größte Absurdität verweigert der Diener den Gehorsam, weil die Bitte von einem König kommt; es ist verboten, die Hand gegen eine von Gott gesalbte Person zu erheben. Also wirkt sich seine Wahl, seine Königswürde bis zuletzt gegen ihn aus; wäre er ein einfacher Offizier, hätte sein Diener gehorcht, aber dem ist nicht so. Und daher fällt er in sein eigenes Schwert und stirbt.

Auch hier noch bringt David es irgendwie fertig, die Schau zu stehlen, indem er plötzlich erscheint und eine Totenklage auf Jonathan, seinen besten Freund, und den König hält: „Die Schönheit Israels ist auf Deiner Höhe erschlagen; oh, wie sind die Helden gefallen ... Saul und Jonathan, lieblich und angenehm in ihrem Leben, sind auch im Tode nicht geschieden: sie waren schneller als Adler, stärker als Löwen ... oh, wie sind die Mächtigen gefallen."

Diese Klage ist durchdringend, erhaben und lyrisch. Aber im Midrasch wird David von Gott zurechtgewiesen: „Was? Saul ist gefallen, und du kannst singen?"

Nein. Von den beiden hat David die weniger sympathische Rolle. Wir weinen um Saul und distanzieren uns von David. Und wir sind nicht einverstanden mit der Wahl der Geschichte.

Aber um fair zu sein, wollen wir die Lage von einem anderen Gesichtspunkt aus betrachten. Wenden wir uns David zu und sehen uns diese Beziehung mit seinen Augen an.

Zugegeben, in seiner Jugend wirkt er ziemlich aggressiv, sogar anmaßend. Niemand hat ihn gebeten – freiwillig meldet er sich und fordert einen Riesen von einem Krieger zum Kampfe heraus. Er ist im richtigen Augenblick am richtigen Platz in der richtigen Rolle. Muß Goliath geschlagen werden? David wird es tun. Braucht Israel einen Helden? David. Der König braucht einen Analytiker? David. Selbstsicher und entscheidungsfreudig. Aber was hätte er schließlich auch tun sollen? Gar nichts? Zulassen, daß Israel sich vor Goliath beugt? Zulassen, daß der König sich der Verzweiflung hingibt? Da es nichts Absolutes im Leben gibt, bedeutet jede Wahl notwendigerweise einen Kompromiß. David trifft eine Wahl, übersieht Äußerlichkeiten, nur Ergebnisse zählen. Nur das Volk und seine Geschichte sind wichtig. Er geht überall hin, meldet sich für jede Mission, weil er gebraucht wird; nur er kann das tun, was er tut. Und wenn das Leben eines Volkes auf dem Spiel steht, wie kann man da an Äußerlichkeiten denken oder daran, was Kritiker vielleicht einzuwenden haben?

Darüber hinaus ist Davids Verhalten gegenüber Saul über jeden Vorwurf erhaben. Er ist respektvoll, zuvorkommend, loyal und bewundert ihn. Er will ihm nie Schaden zufügen. Im Gegenteil, er will nur helfen. Er will nicht die Nachfolge des alten Königs antreten, sondern im Gegenteil alles tun, ihn gesund und an der Macht zu erhalten. Er will ihm nur dienen und ihn trösten, ihn aufheitern. Immer wenn der König ihn braucht, ist er zur Stelle, selbst wenn er sich damit Gefahr und gar Tod aussetzt. Warum? Einfach weil er seinen König liebt; ja, er liebt ihn wirklich, wie nur ein armer Hirtenjunge den Herrscher lieben kann, der ihn aus Anonymität und Armut herausholte und sich seiner annahm. David liebt Saul von ganzem Herzen, er schenkt ihm seine Zeit, ist arglos, kämpft für ihn und seinen Namen. Und wenn er sich zunächst weigert, des Königs älteste Tochter zu heiraten, so will er ihm eben beweisen, wie rein seine Liebe für den König ist, wie echt, selbstlos und uneigennützig.

Saul wird grundlos heftig; David sagt nichts. Saul verfolgt ihn; er sagt nichts. Saul macht ihn zu seinem persönlichen Sündenbock; doch David schweigt. Saul wünscht seinen Tod, und David liebt ihn dennoch und verehrt ihn. Aus den königlichen Gemächern verbannt, verstoßen und gejagt, zahlt David nicht mit gleicher Münze. Er scheint Saul gegenüber nie Haß oder auch nur Zorn bekundet zu haben. Dreimal gelingt es ihm, in Sauls Zelt zu gelangen, dreimal hat er Gelegenheit, ihn zu töten, und wird von seinen Kameraden dazu gedrängt: töte den kranken alten Mann, sagen sie, sonst könnten seine Eifersucht, seine Bosheit und sein Haß dich vernichten. Aber er ist nicht einmal versucht, es zu tun. Irgendwie erkennt David, daß sie beide Opfer sind, Saul ist Gottes Opfer, David ist Sauls. Und dieses tiefe Verständnis ist der Grund, warum Davids Königtum eine ewige Dimension erhält.

Natürlich ist David kein Heiliger. Und die Schrift gibt das zu: in der Bibel wird nichts vertuscht. Seine Sünde mit Betseba hinterläßt einen Flecken auf seinem Namen, einen

Makel auf seinem Leben. Seine militärischen Unternehmen werden gepriesen, aber nur halbherzig; er hat zu viele Schlachten geschlagen, zuviel Blut vergossen. Also wird der Tempel in seiner Stadt erst von seinem Sohn gebaut werden, dessen Name Frieden bedeutet.

Der wesentliche Unterschied zwischen den beiden Königen tritt klar zutage: Saul bedeutet innere Spannung und Konflikt, während David die Lösung verkörpert. Es ist David und nicht Saul, der schließlich das Volk einigt.

Außerdem fehlt es Saul an der nötigen Selbstsicherheit, um die Macht zu erringen und auch zu halten. Er trifft ständig Entscheidungen, die er danach bedauert. Im Midrasch werden zwar die Gründe, warum er Agags Vieh nicht abschlachtet, idealisiert, aber nicht so in der Bibel, wo behauptet wird, er wollte nur seine Soldaten beschwichtigen, indem er ihnen die feindliche Beute überließ. Als ihn Samuel jedoch zur Rede stellt, wagt Saul nicht, die Wahrheit zuzugeben. Der Text lautet: Als der Prophet dem König gegenübertritt, lügt dieser und sagt, er habe Gottes Befehl ausgeführt, nämlich die Amalekiter und alles, was ihnen gehörte, getötet.

Ein weiterer Unterschied: Saul ist eifersüchtig, David nicht. Saul neidet David seine Popularität und seinen Ruhm. Das Volk preist David lauter, und Saul kann das nicht ertragen. Und warum wird David gepriesen? Weil er getötet hat. Das Volk sagt: Saul tötet Tausende, David aber Zehntausende. Ist also Saul ein Menschenfreund? Ist er nicht gegen die Todesstrafe, gegen das Töten? Er sollte zufrieden sein, als der erinnert zu werden, der nur Tausende tötete.

Ferner: trotz seiner humanen Sprache hat er kriegerische Neigungen. Davids Symbol ist die Harfe, das Sauls ist der Speer. Er scheint immer einen in der Hand zu haben. Nachdem er den sich ergebenden Gibeoniten Straffreiheit zugesichert hatte, bricht er dieses Versprechen und schlachtet sie ab – und kein König sollte so etwas tun, kein Mensch darf so etwas tun.

Saul ist unentschlossen, unfähig, die Dinge selbst in die Hand zu nehmen. Warum erlaubt er Samuel, als Vermittler sich zwischen ihn und Gott zu schieben? David braucht keinen Vermittler. Meistens kann und muß sich der Mensch direkt an Gott wenden, und von Ihm auserwählte Könige sollten das in jedem Falle tun. Saul zweifelt zuviel und David nicht genügend. Saul würde also einen hervorragenden Philosophen abgeben, aber David den besseren König.

David straft die Feinde außerhalb des Landes, Saul jagt sie im Inneren. Während David die Philister bekämpft, mißtraut Saul den Juden; Saul tötet sogar Juden; was er Amalek nicht antun wollte, fügt er den Priestern von Nob zu: er vernichtet sie erbarmungslos. David kämpft gegen Angreifer, Saul gegen Freunde. David weigert sich, Saul, den König der Juden, umzubringen, während Saul den Tod Davids erwägt, sich aber weigert, Agag, König der Amalekiter, zu töten. Saul ist bereit, David zu beseitigen, findet aber keine Gelegenheit, während David dreimal die Möglichkeit hatte, Saul zu töten, es aber nicht tat. Deswegen wurde David und nicht Saul ausersehen, das jüdische Königtum zu symbolisieren.

Es stimmt, Saul leidet, aber Leiden ist keine Entschuldigung. Er hat unrecht, andere leiden zu machen. David leidet auch, aber aus diesem Leid heraus singt er seine Lieder und bereitet Freude.

Und doch, wenn es um das Urteil der Geschichte geht, müssen wir hinzufügen, daß uns Saul trotz aller objektiven Bedenken, aller Staatsräson auch weiterhin bewegt. In seiner verwundeten Seele liegen menschliche Schönheit und

Schwäche eng beieinander. Manchmal kommt er uns sogar majestätischer als sein Nachfolger vor. Ein Gemälde von Rembrandt zeigt ihn halb verborgen hinter einem Vorhang, lautlos weinend, als er dem Gesang Davids, der sich auf der Harfe begleitet, lauscht. Er ist traurig, dieser erste König Israels, und seine Schwermut hat ihn überlebt. Wenn er bloß Agag enthauptet hätte. Das war der Anfang seines Endes. Warum weigerte er sich? War es Mitleid mit einem geschlagenen König, über den Gott Seinen Zorn entladen hatte? Das könnte man verstehen. Aber wieder hindert uns der Text, zu großzügig auszulegen. Er hat seine eigene Erklärung. Saul zog vor, Agag nicht zu töten, ihn aber in Ketten zu legen und zu quälen, ihn öffentlich zu erniedrigen und ihn als ewigen Gefangenen am Leben zu halten als Denkzettel für seine Niederlage. Und da, müssen wir zugeben, wäre selbst der Tod menschlicher gewesen, barmherziger. Agag selbst hätte ihn vorgezogen. Hören wir den Text: Samuel ließ ihn herbringen, „und Agag kam in Ketten. Und Agag sagte: ‚Mir steht sicher der bittere Tod bevor.' Und Samuel sagte: ‚Da dein Schwert Mütter kinderlos gemacht hat, so soll deine Mutter auch ohne Kinder unter den Frauen sein.' Und Samuel enthauptete Agag vor dem Herrn in Gilgal." Offensichtlich ging Agag ruhig in den Tod. Für ihn bedeutete der Tod eine Befreiung von seinen Ketten. Das wußte Saul nicht.

Da Saul selbst sich unverstanden fühlte, war er unfähig, andere zu verstehen. Er verstand niemanden. Er hätte besser erkennen müssen, wie Samuel darunter litt, Gottes Wort und Gottes Willen übermitteln zu müssen, ohne etwas daran ändern zu können. Er hätte versuchen müssen, den inneren Konflikt Davids zu verstehen, der genötigt war, seinen Platz einzunehmen, obgleich er ihn liebte. Er konnte sich ebensowenig in seine Kinder einfühlen, die aus Liebe zu ihm versuchten, Unwiderrufliches zu verhindern. Saul war allein, und es gelang ihm nie, seine Einsamkeit zu überwinden.

Er war auch allein, als er starb. Und in unserer Legende wird ihm plötzlich vergeben, und er wird sogar rehabilitiert. Seht dort Saul, sagt Gott zu Seinen Engeln. Er weiß, er wird sterben, und doch sieht er dem Tod offenen Auges entgegen. Und weiter: er nimmt seine Söhne mit sich. Warum? Um nicht allein zu sterben? Das muß doch jeder stets allein. Armer Saul: Aus Mitleid schont er das Leben eines feindlichen Königs, aber dieses Mitleid reicht nicht aus für einen jüdischen König, den ersten der Geschichte und zugleich den unglücklichsten.

Saul tötete Saul. Und seltsam genug, seine Tat erstaunt uns nicht. Selbstmord ist der Wunsch, sowohl Henker wie Opfer zu sein, sterbliche Kreatur und Engel des Todes. Es ist eine Tat, die Geben und Nehmen verbindet. Im Leben und im Tode bleibt Saul einzigartig. Er beschwor seine Tragödie selbst herauf. Er war sein eigener Feind, und obwohl wir alle Davids Untertanen sind, bleiben wir doch Sauls Freunde.

*Jeremias
oder die Pflicht, auf die Zukunft zu setzen*

Und es begab sich, als Jerusalem zerstört war, daß Gott das brennende Heiligtum betrat. Er sah die Flammen und begann zu weinen. Und Er sagte zu dem neben Ihm stehenden Jeremias: „Warum weinst du nicht? Ich bin wie ein Vater, dessen einziger Sohn an seinem Hochzeitstag während der Feier stirbt. Und du, Jeremias, empfindest keinen Schmerz weder um den Vater noch den Sohn? Geh, geh, Jeremias, und wecke die Väter Meines Volkes. Wecke Abraham und Isaak und Jakob. Und auch Moses weck auf. Sage ihnen, Ich möchte sie sehen. Ich brauche sie, denn sie können weinen."

Jeremias sträubte sich. „Moses", argumentierte er, „ist nicht aufzufinden, denn niemand weiß, wo er begraben ist, keiner außer Dir." – „Gut", sagte Gott, „geh an den Jordan und rufe: ‚Sohn des Amram, Sohn des Amram, erhebe dich und sieh', wie deine Kinder und Kindeskinder von ihren Feinden erschlagen wurden.' Tu also, er wird es hören und verstehen; er wird kommen und Mir beistehen."

Also ging Jeremias zunächst zu der Mearat Hamachpela – der Höhle, wo Abraham, Isaak und Jakob ruhen. Und er brachte ihnen die Botschaft, daß Gott sie zu sehen wünsche. „Warum?" fragten sie, „warum gerade jetzt?" Und der Prophet, wahrscheinlich betroffen von dem schrecklichen Inhalt seiner Botschaft, wich der Frage aus und sagte: „Ich weiß es nicht", was gewiß nicht stimmte. Er wußte es, natürlich wußte er es: Gott selbst hatte ihm ja den Grund gesagt. Aber er hatte Angst, heißt es im Midrasch. Er fürchtete, die Propheten könnten ihn für die Katastrophe, deren Zeuge er gewesen war, verantwortlich machen.

Die gleiche Angst überkam ihn, als er sich an Moses wandte, der das gleiche wissen wollte: „Was ist geschehen in der Welt und mit der Welt, daß ich plötzlich vor Gott erscheinen soll?" Und wieder antwortete Jeremias: „Ich weiß es nicht."

Dann wandte sich Moses an die Engel, die ihm berichteten: „Jerusalem brennt, der Tempel liegt in Trümmern." In einem Zornesausbruch verfluchte Moses die Sonne: „Warum verdunkelst du nicht dein Licht, um den Feind zu hindern, mein Volk abzuschlachten?" – „Ich konnte nicht anders", sagte die Sonne. Bei diesen zornigen Worten drehten sich die drei Patriarchen zu Moses um und fragten verwundert: „Warum schreist du, Moses?" – „Wißt ihr denn nicht?" antwortete er. „Habt ihr denn keine Ahnung, was mit euren Nachkommen geschieht?" Und er erzählte es ihnen, worauf sie klagend ihre Gewänder zerrissen. „Warum bestrafst Du Dein Volk?" fragte Abraham Gott. „Sie haben gesündigt", sagte Gott, „sie haben die Gebote der Thora übertreten." – „Ich verlange Beweise", sagte Abraham. „Die Thora soll vortreten und Mein Zeuge sein", sagte Gott.

Die Thora erschien. Aber als sie sprechen wollte, gebot ihr Abraham Schweigen und sagte: „Du vergißt, du vergißt den Tag, als Gott dich allen Völkern der Welt anbot und alle dich zurückwiesen außer dem Volke Israel, und jetzt willst du sein Ankläger werden?" So schwieg die Thora, ebenso wie die anderen Zeugen der Anklage. Und die Tat Gottes erhielt keine endgültige Rechtfertigung. Aber es war spät, zu spät, die Vergangenheit zu ändern. Was geschehen war, konnte nicht ungeschehen gemacht werden.

Jerusalem brannte, und jüdische Kinder, schon in der Verbannung, hatten keine Kraft mehr, weiterzugehen, sie konnten nur noch träumen.

Diese ergreifende Legende, die die kosmische Tragödie innerhalb der jüdischen Katastrophe herausstellt, indem sie jüdisches Leiden über Generationen und Räume hinweg zusammenschaut, wirft gewisse Fragen auf.

Erstens: Warum suchte Gott die Anwesenheit der jüdischen Patriarchen nach und nicht vor der Katastrophe? Warum waren sie nicht informiert worden? Das jüdische Volk litt, und sie wußten es nicht? Schliefen sie?

Zweitens: Gott sagte Jeremias, Er wolle die Patriarchen sehen, die weinen könnten. Sollen wir daraus entnehmen, daß er, Jeremias, es nicht konnte? Ist es vorstellbar, daß Jeremias, der Prophet kollektiven jüdischen Leidens, der Feuer und Blut voraussah, der Autor der Klagelieder, nicht weinen konnte?

Drittens: Warum fürchtete Jeremias die Kritik der Patriarchen? Seit wann hatte er Angst vor Kritik? Warum sollte ihn jemand für Ereignisse verantwortlich machen, die er mit allen Kräften während seines ganzen Lebens zu verhindern suchte? Hatte er nicht jahrelang gearbeitet und sich bemüht, das Volk vor kommenden Gefahren zu warnen? Wenn es einen Menschen in Juda, ja auf der ganzen Welt gab, der sich und anderen hätte sagen können: ‚Dieser Horror, dieses Gemetzel ist nicht meine Schuld', so war er es. Warum sträubte er sich dann, seinen Vorvätern gegenüberzutreten? Wie soll man seine Schwäche verstehen? Wenn irgend jemand das Recht hatte, zu fragen und zu urteilen, dann war er es. Warum hatte er also Angst, die Wahrheit zu sagen und Abraham, Isaak und Jakob einen authentischen Bericht zu geben, ihnen, die sowieso nichts weiter tun konnten, als nutzlose Tränen zu vergießen?

Jeremias' Widersprüchlichkeiten, seine ständige Suche nach sich selbst in einer Gesellschaft, die sich nicht nur von ihm abwandte, sondern auch von sich selbst, sein entschiedenes Verlangen nach Wahrheit in Zeiten der Unaufrichtigkeit (dieses Wort ‚Unaufrichtigkeit' erscheint 72mal in der biblischen Literatur, und die Hälfte davon im Buch des Jeremias), seine Zweifel, seine Tränen, seine Sehnsucht nach Sinn und Bedeutung und gleichzeitig Stille: wenige Persönlichkeiten erweisen sich als so reich, und noch weniger haben eine solche tragische Tiefe. Seine lyrische Ausdrucksweise hat nicht ihresgleichen, seine Spannweite keine Parallele. Keiner ist so ergreifend und keiner so entrückt.

Jeremias war ständig hin- und hergerissen zwischen Gott und Israel, Israel und anderen Völkern, großen Mächten und kleineren, seiner verlorenen Kindheit und seinem unerträglichen Alter. Er verblüfft und interessiert, weckt alle Leidenschaften von äußerstem Haß bis zur absoluten Treue, er ist ein Außenseiter und wird als solcher mißverstanden. Er ist, kurz gesagt, ein Überlebender, ein Zeuge. Als einziger der Propheten sagte er die Katastrophe voraus, stand sie durch und lebte weiter, um Bericht zu erstatten. Er allein schlug Alarm vor dem Feuer, und schon von Flammen versengt, fuhr er fort, davon zu sprechen zu jedem, der hören wollte. Immer wenn uns Unglück befällt, wenden wir uns an ihn und folgen seinen Fußstapfen, wir gebrauchen seine Worte, um unsere Kämpfe zu beschreiben.

Zunächst erscheint Jeremias einfach, sogar einfältig. Er ist ein schwacher Mann, der immer jammert und stets mit Grund; tatsächlich scheint er nichts anderes zu tun. Weinend geht er durchs Leben. Nur wenn wir den Text und seinen Charakter näher untersuchen, merken wir, daß seine Einfalt täuscht. Seine Persönlichkeit weist rätselhafte und verwirrende Seiten auf. Man stelle sich vor: nachdem wir generationenlang glauben gemacht wurden, Jeremias gäbe sich dem Weinen hin, entdecken wir im Midrasch, wie schon erwähnt, daß er noch nicht einmal weinte, als Jerusalem zerstört wurde. Wir lesen:

„Dies sind die Worte Jeremias', des Sohnes Hilkias, von den Priestern zu Anathoth im Lande Benjamin, zu welchem geschah das Wort des Herrn zur Zeit Josias', des Sohnes Amons, des Königs in Juda, im 13. Jahr seines Königreichs und hernach zur Zeit des Königs in Juda, Jojakims, des Sohnes Josias', bis ans Ende des elften Jahres Zedekias', des Sohnes Josias', Königs in Juda bis auf die Gefangenschaft Jerusalems im fünften Monat."

Wie bei jedem echten Kunstwerk enthält diese Einleitung schon alles Folgende. Aus dem kurzen biografischen Hinweis erfahren wir schon viel über die Persönlichkeit selbst und die sich abspielenden Ereignisse: ein dunkler Anfang, ein dramatischer Schluß und einige kurzdauernde Königsherrschaften. Und der ganze Rest ist Prophetie.

„Einer der Priester zu Anathoth im Lande Benjamin." Wer mit biblischer Geographie vertraut ist, versteht die Bedeutung dieser beiden Zeilen. Armut und Trauer herrschen in den Häusern von Benjamin, des Stammes, der von den zwölf Stämmen am meisten unter der Teilung des Landes unter Josua zu leiden hatte. Sein Gebiet war schmal, lang und trocken: keine Felder, keine Bäume, keine Früchte. Nur Wüste, Wind und Hitze. Noch schlimmer war das Los der Bewohner des Dorfes Anathoth, ungefähr vier Meilen außerhalb Jerusalems. Die Bewohner waren Priester einer besonderen Art, bekannt für den Fluch, der schon seit mehr als vierhundert Jahren auf ihnen lag: sie durften nicht im Tempel Gottesdienst halten. Ohne zu wissen, warum, war ihnen nicht erlaubt, ihre erblich überkommenen Pflichten zu erfüllen. Es gab verschiedene Geschichten über den Ursprung dieser Verwünschung. Einige gingen bis Saul zurück, andere bis Salomon. Übereinstimmend hieß es, es habe sich wohl um einen Familienstreit gehandelt, wahrscheinlich Eifersucht, eine Auseinandersetzung zwischen ihren Vorfahren und der offiziellen Priesterkaste, was zu dem Ausschluß der Priester von Anathoth geführt hatte. War er berechtigt? Selbst wenn das damals der Fall war, so doch jetzt sicher nicht mehr. Erbsünde oder vererbte Strafe sind unvereinbar mit traditioneller jüdischer Ethik. Es gab keinen Grund für Jeremias' Eltern, diskriminiert zu werden wegen eines Vorfalls, der sich schon Jahrhunderte vor ihrer Geburt ereignet hatte. Also war Jeremias ein Opfer von Ungerechtigkeit auf Grund seiner Herkunft – er wurde als Sohn eines Priesters von Anathoth geboren – nichts anderes.

Schließlich wurde er berühmter als die meisten berühmten Priester seiner Zeit und aller Zeiten, aber er blieb ein Opfer: Gottes, Israels, Babylons – und auch Ägyptens. In seinem Leben gab es nie Freude. Keine angenehmen Überraschungen, keine Wärme, kein Lächeln: nur Kummer, Angst und Tränen. Worte der Klage und des Zornes – Worte, die er gegen seinen Willen aussprechen mußte. Er hätte lieber von anderen Dingen geredet, er wollte ein normaler Mensch sein, der sich um die üblichen menschlichen Probleme kümmerte und nicht um Ewigkeit und Tod, aber er hatte keine Wahl. Das geht klar aus der Einführung zu dem Buch hervor. Der künftige Prophet begann mit der Weigerung, Prophet zu werden, was nicht ungewöhnlich ist: alle seine Vorgänger seit Moses hatten sich ähnlich verhalten. Prophetie ist bestimmt kein lohnender Job, zeitraubend, gefährlich, und vor allem macht er einsam. Man ist nur ein Prophet, wenn der Geist Gottes auf ihm oder ihr ruht. Wenn der Geist sich zurückzieht, ist der Prophet allein, allein mit seinen Erinnerungen und verwundbarer als je zuvor.

Also lehnt der noch junge Jeremias Gottes Angebot ab und erklärt warum; er kann dieses Angebot nicht annehmen, sagt er, „denn ich kann nicht predigen". Und er fährt fort: „Ich kann nicht predigen, weil ich noch ein Junge bin." Welch sonderbarer Vorwand! Was hat das Alter mit Prophetie oder mit Gott zu tun? Aber Gottes Antwort ist auch seltsam: „Rede dich nicht mit deiner Jugend heraus, denn Ich habe dich schon auserwählt, ehe du in diese Welt kamst." Und genauso rätselhaft fährt Er fort: „Sorge dich nicht, gehe hin, wohin Ich dich schicke, fürchte sie nicht, denn Ich werde bei dir bleiben." Gottes Antwort ist sogar noch dunkler als Jeremias' Frage. Jeremias spricht von seiner Jugend, und Gott gibt ihm den Marschbefehl! Außerdem sagt der Prophet nicht ein Wort von Angst. Warum kommt Gott darauf zu sprechen? Und außerdem ist es doch wohl so, daß man gerade, wenn Gott zu jemand sagt, fürchte nichts, besonders vorsichtig sein sollte.

Wenn Jeremias sagt: „Ich kann nicht predigen, denn ich bin zu jung", meint er eigentlich: „Ich wage nicht zu predigen, ich bin zu jung für diese Aufgabe." Dann antwortet Gott: „Ein Prophet ist weder jung noch alt, er ist zeitlos; er spricht in Meinem Namen nur, wenn Ich mit ihm bin – und wenn Ich mit ihm bin, braucht er sie nicht zu fürchten." Sie? Wen? Die anderen – alle anderen.

Immer noch sträubt sich Jeremias. Gott muß Gewalt anwenden. Ohne die Entscheidung des Knaben abzuwarten, „reckte der Herr Seine Hand aus und berührte meinen Mund, und der Herr sagte zu mir: ‚Siehe, Ich lege Meine Worte in deinen Mund.'" Das ist das Ende des persönlichen Lebens von Jeremias und der Beginn seiner prophetischen Mission. Er muß sie annehmen und sich unterwerfen, es gibt kein Verstecken, kein Weglaufen, keine Flucht in die Anonymität, als Gott ihn zu Seinem Boten auswählte. Von jetzt an sind Jeremias' Worte nicht mehr seine eigenen;

was er auch sagen wird, wird ein Echo der Stimme Gottes sein.

Aber Jeremias war wirklich noch ein Knabe. Ohne Erfahrung, Wissen und Reife war er aufgerufen worden, zu lehren, zu schelten, zu befehlen und die zu regieren, die ihrerseits befehlen und regieren. Eine wahrhaft unerträgliche Aufgabe! Alle Kinder träumen davon, groß und stark zu sein, aber sein Traum war, ein Kind zu bleiben. Doch Gottes Wunsch ist Gesetz; ein Prophet kann und darf alles tun, außer sich verweigern. Jeremias wird Prophet, ehe es ihm richtig klar wird: ob er will oder nicht, wird sein Leben unlösbar mit dem seines Volkes verbunden sein. Solange er lebt, beklagt er es.

Im Midrasch teilt er Gott ausdrücklich mit: „Ich will Dir nicht als Dein Prophet dienen. Ich fürchte mich. Sie haben stets versucht, Deine Propheten zu töten – sie werden versuchen, auch mich zu töten." Später, als er schon Prophet ist, versucht er auszusteigen; er will seinem Volk nicht schreckliche Nachrichten überbringen müssen. Um ihn zu beruhigen, sagt Gott: „Du wirst ein Prophet des Unterganges für andere Völker sein, nicht für Israel." Und als er doch zu Israel sprechen muß, klagt er Gott an: „Warum hast Du mich getäuscht?" Gott antwortet: „Zu spät, um die Uhr zurückzustellen; hat man erst einmal prophetische Gaben erworben, kann man sich ihrer nicht mehr entledigen." Armer Jeremias: von den Mächtigen bekämpft, von den Massen gehaßt und auch von Gott getäuscht.

Im Midrasch spricht er von seinem Widerstreben, Prophet zu werden: „Ich bin wie der Priester, der einer Ehebrecherin gegenübersteht und plötzlich in ihr seine Mutter erkennt." In einer Quelle heißt es, er hätte als Kind seiner eigenen Mutter etwas Ähnliches ins Gesicht gesagt, aber als er ihren Schmerz sah, sich verbessert: „Ich meine nicht dich, Mutter, ich meine Mutter Zion."

Er ist besessen von Zion. Eine ergreifende Stelle im Midrasch lautet: „Eines Tages ging ich nach Jerusalem und sah eine Frau auf dem Gipfel des Berges. Sie war schwarz gekleidet, in Trauer, mit ihrem ungekämmten Haar machte sie einen verwirrten Eindruck; ich hörte sie rufen: ‚Wer wird mich trösten?' Und ich hörte meine eigene Klage: ‚Und wer tröstet mich?' Ich sprach zu ihr: ‚Wenn du eine Frau bist, sprich mit mir; wenn du ein Geist bist, verlaß mich.' Sie antwortete: ‚Ich bin deine Mutter, deine Mutter Zion.'"

In der Schrift wird seine wirkliche Mutter überhaupt nicht erwähnt, und abgesehen von dem Namen Hilkia, wird auch nichts von seinem Vater gesagt. Seine Kindheit und Jugend werden kaum erwähnt. Das ist bei biblischen Porträts nicht ungewöhnlich, wohl aber für den Midrasch. Wie war er als Sohn, Schüler, als Bruder? Was tat er, wenn er nichts zu tun hatte? Wohin ging er, wenn er nirgendwohin zu gehen hatte? Wir wissen nur das, was er uns von anderen erzählt. Seine Predigten, seine Weissagungen, seine Warnungen: auf der Bühne ist er unserer vollen Aufmerksamkeit sicher, außerhalb des Scheinwerferlichtes ist er schwer zu fassen. Er scheint zu existieren, um das Leben anderer Menschen zu deuten, nicht aber, um sein eigenes Leben zu leben.

Was wissen wir von ihm? Geboren im Jahr 645 v.Chr., begann er sich im Alter von zweiundzwanzig Jahren für öffentliche Angelegenheiten zu interessieren; länger als ein Jahrzehnt war er im Gefängnis; er hatte Feinde und wenige, aber treue Freunde; er verkündete seine Gedanken mündlich und schriftlich; Gott verbot ihm, zu heiraten und Kinder zu haben; er starb mit sechzig Jahren im ägyptischen Exil.

Aus seinen Predigten und Lehren bekommen wir ein erstaunlich klares Bild von den politischen, religiösen und sozialen Bedingungen im damaligen Juda. Wir können einen Blick hinter die Kulissen tun und sehen die Politiker, die Profitmacher, die Schwachen, die Pazifisten ebenso wie die Vertreter des heißen oder kalten Krieges, die Pro-Ägypter und die Pro-Babylonier – wir hören ihre Argumente und erfahren das Ergebnis. Wir bekommen auch einen guten Eindruck von den Sitten und Gebräuchen seiner Mitbürger: was bewegte sie, und wo lag ihr Ziel? Es gibt wenige Propheten, deren moralische Aussagen eine solche Fülle dokumentarischen Materials in bezug auf ihre Zeit enthalten.

Jeremias versteht es, sowohl die Tatsachen darzustellen wie auch poetisch zu beschreiben. Es geht um Einzelheiten, und er begnügt sich nie mit der Oberfläche. Er fängt die Schattierungen des Abendhimmels ein, das wechselnde Licht in der Wüste, den Durst der Erde, die Roheit des Menschen genauso wie den Wunsch Gottes, Seine Schöpfung näher an sich heranzuziehen. Jeremias findet stets den richtigen Ausdruck, das passende Wort, um eine Landschaft zu beschreiben, die man so noch heute wiederfindet, wenn man Anathoth besucht oder die Hügel oberhalb Jerusalems in der Morgendämmerung. Er ist ein Meister, die Stimmung der Menschen zu beschreiben, die einem Krieg entgegensehen und sich doch nach Frieden sehnen; er findet den richtigen Ton, wenn er realistische Metaphern lyrisch ausschmückt, um menschliche Schwächen und moralischen Niedergang zu beschreiben.

> „Ein Storch unter dem Himmel weiß seine Zeit.
> Turteltaube, Kranich und Schwalbe spüren
> die Zeit ihrer Wiederkehr; aber mein Volk
> achtet nicht auf das Gesetz des Herrn."

Die Strafe?

> „Ihre Frauen werde ich anderen Männern geben
> und ihre Felder Fremden . . .
> Priester und Propheten, alle
> handeln sie falsch."

Und man höre „den Aufschrei meines armen Volkes aus dem fernen und weiten Land":

> „Die Ernte ist vorbei, der Sommer dahin,
> aber wir sind nicht gerettet . . .
> Ist denn kein Balsam in Gilead,
> kein Heiler zu finden?
> Ach, hätte ich Wasser genug in meinem Haupt
> und wären meine Augen voll Tränen,
> dann würde ich weinen Tag und Nacht
> um die Erschlagenen meines armen Volkes."

Noch ehe das Unglück zuschlägt, erblickt Jeremias beide, Opfer und Täter: er beobachtet die Hauptgestalten, die, die Einfluß nehmen, und die, die sich mitreißen lassen. Könige und Fürsten, Priester und Propheten, Krieger und Sänger: vor unseren Augen läßt er sie erstehen. Das Mißgeschick Jehojakims, das Zögern Zedekias', das Prahlen Hananias', die kollektive Angst der Massen: er führt uns mitten in das erregende Geschehen. Und auch die hilflosen, zornigen Ausbrüche des Jeremias lassen wir über uns ergehen, während wir ihm auf seinen Wegen von und nach Jerusalem folgen und mit ihm hinüberblicken in den weißen Sand jenseits der Berge von Moab und der Wüsten von Juda. Innerhalb der alten Stadtmauern geht er von Straße zu Straße, zieht die Massen an sich, die ihn schon erwarten.

Der Talmud sagt: „Zu jener Zeit brachten drei Propheten Gottes Wort zu den Leuten. Zephanja besuchte die Häuser der Gelehrten, Hulda die Frauen und Jeremias sprach auf den Märkten." Aber auch inmitten der Massen ist Jeremias allein – allein mit Gott und manchmal allein gegen Gott. Wo immer er auftritt, bringt er Unglück, und jede Heiterkeit erstirbt. Wie alle Propheten vor ihm ist er stets in Opposition, bekämpft das Establishment, verspottet die Macht und die, die sie ausüben, betont die Brüchigkeit der Gegenwart und die Ungewißheit der Zukunft. Wer auf ihn hört, verliert jede Lust zu essen, zu trinken, Kinder aufzuziehen . . . in Jerusalem pulsiert noch das Leben, aber er ist schon unterwegs in den Trümmern; für ihn ist die Stadt schon in weite Ferne deportiert.

Ein von solchen Visionen heimgesuchter Mensch kann nicht populär sein. Man meidet ihn, wendet sich ab. Er zerstört jede Lebensfreude, er zwingt uns, das zu sehen, was wir nicht sehen wollen.

Nicht verwunderlich also, daß einige Kommentatoren des Midrasch behaupten, Jeremias sei nicht nur von den Herrschern und Fürsten Judas verfolgt worden, sondern auch von der Bevölkerung. Man fürchtete seine Worte und lehnte daher auch den ab, der sie aussprach. Sie nannten ihn einen falschen Propheten, einen Verrückten. Sie drängten ihn beiseite, quälten ihn öffentlich, kerkerten ihn ein: kurz, taten alles, ihn unglaubwürdig zu machen.

Einige behaupteten, er stamme von Rahab ab, der Frau aus Jericho, die durch Josuas Späher bekannt wurde. Andere gingen noch weiter und sagten, er selbst lebte mit einer Frau zusammen, die den gleichen Beruf wie Rahab hätte. Andere Quellen deuten an, daß selbst nach der Zerstörung, als seine Weissagung eingetroffen war, sein Volk ihn ablehnte. Männer und Frauen in der Verbannung widersetzten sich seiner Entscheidung, sie zu verlassen und nach Juda zurückzukehren; andere, die zurückblieben, nur um nach Ägypten abgeschoben zu werden, zwangen ihn, sich ihnen anzuschließen. Er kehrte nie zurück und starb irgendwo in Ägypten. Wie? Er wurde gesteinigt, sagt eine Quelle aus dem Midrasch. Wahr oder nicht, daß sich solche Geschichten überhaupt halten konnten, beweist die außerordentliche Feindseligkeit, die man ihm entgegenbrachte.

Schließlich war Jeremias der Vertreter Gottes, also desjenigen, der sie bestraft hatte. Wie sollten sie ihn als Gefährten, als Bruder annehmen? Zugegeben, Jeremias wollte sie überzeugen, daß auch Gott litt, daß auch Er in der Verbannung lebte. Das brachte ihnen jedoch keinen Trost, es vergrößerte nur ihre Not.

Da war noch etwas anderes: er erinnerte sie an ihre eigene Verantwortung für ihr Schicksal. Er hatte sie gewarnt, und sie hatten nicht hören wollen. Bei seinem Anblick mußten sie immer an ihre eigenen Unterlassungen und ihre Blindheit denken. Einer mußte der Sündenbock sein; da es nicht der Feind sein konnte und bestimmt nicht Gott, so beschuldigten sie Jeremias: er verkörperte ihr schuldbeladenes Gewissen, ihre ausgebrannte Erinnerung. In Juda hatte er versucht, sie vor der Zukunft zu warnen, und nun nach der Niederlage in Babylon erinnerte er sie an die Vergangenheit. Hätten sie nur auf ihn gehört . . .

Aber sie hörten nicht. Sie waren taub gegenüber seinen Warnungen. Weil sie nicht hören wollten, liefen sie in die Katastrophe. Hätten sie auf Jeremias gehört . . . wäre dann die nationale Tragödie, die Zerstörung Jerusalems vermieden worden? Sind nicht alle geschichtlichen Ereignisse unvermeidlich? Ja und nein. Ein Paradox? Nicht für den Propheten. Für ihn waren die Ereignisse, die erst eintreten sollten, schon geschehen; daher bleiben sie noch im Reich der Phantasie.

Um den richtigen Blickwinkel für die Geschichte des Jeremias zu bekommen, sollten wir die Welt betrachten, in der er lebte. Der Planet Erde – wie großartig erscheint er! Jeremias' Zeitgenossen oder Gegenspieler sind Lao-tse, Zarathustra, Pythagoras und Siddharta.

In Griechenland sind Apollo und Bacchus die Sterne – oder Götter – jener Zeit. In Indien gelten die brahmanischen Lehren der Seelenwanderung. Auf Lesbos betreibt eine junge Dichterin einen Kult besonderer Art, der ihre Insel berühmt machte.

Maya, Etrusker, ägyptische Kunst und indische Weisheit, jüdische Propheten und griechische Dichtkunst: das sechste Jahrhundert v. Chr. verzeichnet einen Höhepunkt der kulturellen Entwicklung. Aber dieser Höhepunkt ist nicht einheitlich, sondern unvollständig und isoliert. Die großen Geister begegnen sich nicht; die mächtigen Stimmen vereinen sich nicht. Damals tauschten die Völker ihre Gedanken noch nicht aus.

Und wie steht es um das jüdische Volk?

Die Feindschaft zwischen Juda und Israel, den Bruder-Königreichen, hat bei den Bewohnern Spuren hinterlassen: so wie sie gegeneinanderstehen, stehen sie auch gegen ihren gemeinsamen Schöpfer. Im Innern geschwächt, sind die politischen Führer Judas gezwungen, sich an eine der beiden Supermächte anzulehnen: Ägypten oder Babylon. Nur noch in inneren Angelegenheiten sind sie unabhängig, die Außenpolitik ist nicht mehr ihre Sache. Von Zeit zu Zeit entsteht eine Welle religiösen Nationalismus, und dann bemächtigt man sich der Könige und Fürsten und bringt sie außer Landes in das Gebiet der Besatzungsmacht. Weil König Jojakim ein Bündnis mit Ägypten abschloß, wurde er nach Babylon verbannt. Die Politiker jener Zeit haben ständig abzuwägen: was ist besser für die Juden, Friede allein mit Ägypten oder Unsicherheit an allen Fronten? Ist Neutralität wirklich eine Option?

Und was ist mit Gott in dieser Lage? Wenn Könige sich an mächtige Schutzherren klammern, geht das immer auf

Kosten ihrer Bindung an Gott. Es gibt wohl den Tempel, und dort finden auch Gottesdienste statt, aber man lese nur Jeremias oder Jesajas, und man hat den Eindruck, das Heiligtum ist so etwas wie ein Klub. Die Leute gehen dorthin, um sich zu treffen und über Politik zu sprechen oder sich zu einem vernünftigen Preis ein gutes Gewissen zu erwerben. Beten ist zu lästig. Einige wenige gezielte Spenden, und die Probleme sind gelöst. Wen kümmert es schon, was man tut und mit wem, da es ja möglich ist, alles zu löschen und wieder von vorne zu beginnen? Jeremias bedient sich gerne des Bildes einer Prostituierten. Er hat nichts dagegen, daß sie für ihre Dienste Geld nimmt. Er ist überhaupt nicht gegen Prostituierte; er hat nur etwas gegen Herrscher, die wie Prostituierte handeln, die allen Menschen das gleiche sagen und damit dem Gesagten jede Bedeutung nehmen, die auch die Worte Gottes vergessen und, was schlimmer ist, vergessen, daß sie vergessen haben.

Aufgabe des Propheten ist es, diesem Prozeß Einhalt zu gebieten, indem er sie zwingt, sich zu erinnern: an den Bund, das Gesetz, das Versprechen am Anfang, den moralischen Impetus Israels. Vergessen heißt, die Bedeutung der Vergangenheit zu leugnen. Den Anfang vergessen heißt: das Ende zu rechtfertigen – das Ende Israels. Jeremias' großartige prophetische Schau ist also in Aufbau und Konzept kontrapunktisch angelegt: heute und hier gehalten, betrifft sie doch – gleichzeitig – die ferne Vergangenheit und die unerreichbare Zukunft und unterstreicht ihre innere Zusammengehörigkeit. Aber obwohl sich Jeremias seiner Aufgabe brillant unterzieht, geht sein Publikum nicht mit.

Die moralische Haltung hat sich so verschlechtert, die Dekadenz des Landes ist so fortgeschritten, daß Jeremias zu der Ansicht kommt, Worte allein genügten nicht mehr. Die Sprache ist kein Verständigungsmittel mehr.

Er bedient sich nun – d.h. Gott veranlaßt ihn dazu –

Gebärden, Bilder, der Mimikri, der Pantomime. Er zerbricht eine Flasche, um darzutun, wie Gott jene zerbrechen wird, die Seinen Willen mißachten. Mit einem hölzernen Joch um den Hals geht er durch die Straßen Jerusalems, um den Menschen klarzumachen, daß auch sie bald unter dem Joch des Feindes gehen werden. Und als ein falscher Prophet dieses hölzerne Joch zerbricht, legt er ein neues aus Eisen an. Hören sie zu, verstehen sie? Nein. Sie wollen geschlagen werden, sie wollen, daß der Feind nach Jerusalem kommt . . . Seine Worte schrecken niemand, die große Menge bleibt ungerührt.

Und doch ist seine Vision eindrucksvoll genau wie seine Prosa. Am Anfang, in der ersten Zeit, als sein Gefühl der drohenden Gefahr noch unklar ist, spürt er doch schon ihren Schatten und spricht von einem namenlosen Feind aus dem Norden. Erst nach Babylons Sieg über Ägypten wird sein Geist klar, und die Sprache nuanciert: der Feind ist Babylon – denn Babylon ist stark und unbesiegbar, und Juda ist es nicht, weil es nicht länger von Gott beschützt wird. Und warum hat Gott Seinen Schutz von Juda abgezogen? Weil Juda Ihn nicht suchte, obgleich es Ihn mehr denn je nötig hätte. Babylon ist unbesiegbar, weil Gott es so will. „Mein Diener Nebukadnezar", sagt Gott durch die Stimme des Jeremias. Der Feind Nebukadnezar, der Angreifer, der Zerstörer Jerusalems, Gottes Diener? Ist das zu begreifen? Und müßte einen nicht in diesem Fall Wut oder Wahnsinn überkommen? Als Jeremias erst einmal die Lage völlig verstanden hat, wird er von Verzweiflung heimgesucht und dem verführerischen Gedanken, völlig und ein für allemal zu resignieren. Die Schrift sagt es nicht ausdrücklich, aber es entspräche seinem Charakter, wenn er seine unmögliche, unmenschliche Mission aufgäbe. Da er nicht die Freiheit hat, das zu tun, läßt er seinem Zorn freien Lauf: zunächst gegenüber dem Volk, das sich weigert, den Ernst der

Lage zu begreifen, dann gegenüber Gott selbst, der ihn als machtloses Werkzeug benutzt, und schließlich gegenüber dem siegreichen Feind. Am Ende ist jeder besiegt; auch Babylon wird zerstört werden – und Gott selbst trauert. Es gibt keinen Gewinner in dieser kosmischen Katastrophe, die die Zerstörung Jerusalems darstellt.

Der Prophet weiß es; er allein weiß es. Darin liegt sein unlösbares Dilemma: wenn die Katastrophe hereinbricht, ist es dann nicht, weil er sie vorausgesehen hat? Was soll er mit dieser Voraussicht anfangen? Wenn er sie kundtut, trifft das gefürchtete Ereignis vielleicht nicht ein. Mit anderen Worten: nur wenn er die Wahrheit über das künftige Geschehen enthüllt, besteht eine Chance, daß es nicht passiert; nur wenn er die Wahrheit sagt, kann sie sich als falsch herausstellen!

Jeremias fasziniert und wühlt auf, immer wieder von neuem, und verwirrt uns auch. Zu unbeständig? Ja. Zu dramatisch? Ja. Zu hellsichtig? Wiederum ja. Es ist nicht leicht, mit einem Menschen zu leben, der aus so erhabenen Quellen schöpfen kann, der soviel weiß.

Außerdem: er ist zu ernst, zu feierlich; er lacht nie, ermuntert nie, spricht keinen Satz, der nicht angemessen und „himmlisch" inspiriert ist. Wie kann man es mit einem Mann aufnehmen, der nur wiederholt, was Gott ihm sagt?

Nach allem Für und Wider können wir immer noch nicht verstehen, warum er seinem Volk gegenüber so streng und hart gewesen ist. Wiederholte heute jemand, was er von Israel gesagt hat, würde man ihn sofort anti-semitisch nennen. Gott befiehlt ihm, die Rolle des Anklägers zu übernehmen, weil Er ihn wohl dafür geeignet hält. Jeremias hätte häufiger, heftiger und überzeugender protestieren sollen. Wie andere Propheten vor und nach ihm hätte er sagen können: „Und die anderen Völker, Herr, sind sie besser als Israel?"

Sein Pazifismus hat auch noch andere unmittelbare Folgen; es war unvermeidlich, daß er die Kampfmoral der jüdischen Nation und ihrer Führer schwächte. Er verlangt ja nichts weniger als Kapitulation gegenüber dem Feind, ohne Kampf, ohne den Versuch, Widerstand zu leisten. Er tritt ein für völlige, bedingungslose Kapitulation, Verzicht auf alles, was jüdische Souveränität heißt, Kapitulation der kämpfenden Truppe, d.h., der Prophet schlägt Erniedrigung auf nationaler Ebene vor, ja er fordert sie. Selbst wenn man seine mutigen Predigten vor dem Krieg noch verstehen kann, muß man sie doch während des Krieges mißbilligen. Sie haben bestimmt zu der Niederlage beigetragen.

Ein peinliches Vorkommnis: Er tritt einem falschen Propheten entgegen – einem gewissen Hananias –, der optimistisch und überschwenglich voraussagt, die babylonische Gefangenschaft werde nur zwei Jahre dauern, danach würden der König, die Soldaten und ihre Familien nach Zion zurückkehren. Der Alptraum werde vergehen, Juden werden wieder lächeln können, sogar lachen und sich freuen. Antwortet Jeremias, ein Mann unerschütterlicher Prinzipien, Verkünder der Wahrheit: „Amen – mögen deine Voraussagungen eintreffen."

Und geht weg. Das war falsch, darin stimmen viele Gelehrte überein. Jeremias hatte die Pflicht, zu sprechen und kein Blatt vor den Mund zu nehmen. Entweder ist er seiner selbst und Gottes sicher oder nicht. Wenn nicht, so hat er nicht das Recht, ein ganzes Volk zu demoralisieren; wenn ja, muß er Hananias entgegentreten und ihm die Wahrheit sagen: daß seine Illusionen wie alle Illusionen gefährlich seien. Sein ‚Amen' ist hier fehl am Platz. Von Jeremias erwarten wir Worte der Wahrheit, keinen falschen Kompromiß. Der Sprecher Gottes wird auf diese Weise zum Echo eines falschen Propheten. Zwischen Gott und Hananias entscheidet er sich für Hananias?

Eine andere verwirrende Episode: Mitten in der Katastrophe entwickelt Jeremias überraschende Aktivitäten. Die Hauptstadt wird belagert, und der Prophet ist im Gefängnis. Nebukadnezar ist seit achtzehn Jahren an der Regierung, und sein Reich hat sich bis zum Königreich Juda und darüber hinaus ausgedehnt. Juda ist dem Zusammenbruch nahe. Plötzlich erhält Jeremias den Besuch seines Onkels Hanamel, Sohn des Schallum, der mit ihm über Landbesitz verhandelt. Der Onkel bietet ihm seinen Besitz zum Kauf an. Fast ein ganzes Kapitel ist diesem Geschäft gewidmet: dem Preis, den Bedingungen, den Beweggründen. Die Welt erzittert, Himmel und Erde sind in Aufruhr, und Jeremias beschäftigt sich mit einem Stück Land, das er von seinem Onkel kauft!

Und noch eine letzte Enttäuschung: Jeremias sollte nach Babylon gehen und dort bleiben; er sollte die Verbannung wählen und das Leiden derer teilen, die unter feindlichem Himmel, an den Ufern fremder Flüsse voll jüdischen Blutes mit schweren Herzen und gebeugten Häuptern einem unbekannten Ziel entgegengehen. Er hat vielleicht gute Gründe, sich zu Friedenszeiten vom Volke abzusondern, aber nicht im Krieg; zur Zeit des Sieges ja, aber nicht wenn das Volk leidet; in Juda ja, aber nicht in Babylon.

Er beschreibt das Ende von König Zedekias, wie der alte König vom Feind gefangengenommen und gezwungen wird, der Ermordung seiner Kinder zuzusehen. Dann und erst dann erblindet er.

Warum tritt der Prophet nicht an die Seite seines Königs? Warum bleibt er im Hintergrund? Diese Frage stellt sich im Midrasch noch quälender. Dort verläßt Jeremias die Verbannten in Babylon und kehrt nach Juda zurück: Der Text beschreibt, wie die Verbannten den Propheten anflehen, sie nicht zu verlassen, sondern ihren Kummer zu teilen, ihre Sehnsucht und Qual. Aber ihre Bitten treffen auf taube Ohren. Er zieht vor, in die Trümmer Judas zurückzukehren, auf den vertrauten Boden einer einstmals jüdischen Stadt, einer jüdischen Straße, eines jüdischen Hauses. Handelt so ein Prophet in Israel?

Was tut man mit einem schwierigen und unklaren Text? Man liest ihn immer wieder aufs neue und entdeckt dabei unter der offenkundigen eine andere Schicht, eine andere Dimension, eine andere Bedeutung, und zuletzt versöhnt man sich mit dieser verborgenen Bedeutung.

Zunächst wollen wir die anderen Personen betrachten: sie erscheinen alle zweitrangig. Die Könige sind entweder schwach oder böse oder beides. Ihre Untertanen sind gleichgültig. Alle streben nach Macht und Vermögen, suchen Luxus, Bequemlichkeit und Promiskuität. Sie bewundern die begütigenden, beschwichtigenden falschen Propheten, die weder Opfer noch Anstrengung verlangen, sondern einfache Antworten auf schwierige Fragen anbieten und sich an die niedrigsten menschlichen Instinkte wenden. Als Jeremias wagt, nonkonformistisch zu handeln, schlagen sie ihn zusammen und schicken ihn ins Gefängnis. Nicht von einem Fürsten wird er gerettet, sondern von einem fremden Diener, einem Schwarzen.

Gott selbst kommt nicht allzugut weg: Er ist nicht nur schwer zu verstehen, es ist auch unmöglich, Ihm zu folgen, außerdem beklagt Er sich ständig, ist stets zornig, droht und wettert. Warum ist Er so aufgebracht und warum nur gegenüber den Juden? Nebukadnezar tötet und zerstört – und doch kommt er besser weg als seine Opfer. Um die Sache noch schlimmer zu machen, wird er als zögernder Angreifer, als Eroberer wider Willen hingestellt: Gott muß ihn zwingen, seine Kriege gegen die Juden zu gewinnen.

Warum tut Gott das? Damit Israel bereut? Warum vollbringt Er nicht statt dessen ein Wunder? Warum muß Er Gewalt und Tod als Hebel ansetzen? Will er Seine Allmacht beweisen? Eigensinnig, unbeugsam, erbarmungslos tut Er, was Er will. Und wo bleiben Mitleid, Gnade, Erbarmen mit unschuldigen Kindern? Wird er später weinen? Auf Seine Tränen können wir verzichten.

In dieser Geschichte gibt es also keinen Helden. In gewisser Weise ist Jeremias ein Anti-Held, der widerstreitende Gefühle in uns wachruft. Einige seiner Unzulänglichkeiten erscheinen als Tugenden. Wir beginnen ihn sogar wegen seiner Schwächen zu lieben. Wenn sein übertriebenes Leiden uns zunächst zuwider war, versuchen wir nun, es zu mildern. Schließlich leidet er ja nicht aus Spaß. Er suchte nie den Schmerz, im Gegenteil, er versuchte nur, ihm den Stachel zu nehmen. Da er nicht zu vermeiden war, versuchte er ihn auszugleichen, ihn von innen heraus umzuwandeln.

Ein Beispiel: er schreibt einen Brief an den nach Babylon verbannten König Jojakim, den man als Anweisung für das Leben der Juden in der Diaspora bezeichnen könnte: „Baut Häuser, und wohnt darin. Pflanzet Gärten, und eßt die Früchte. Nehmet euren Söhnen Weiber, gebt Männer euren Töchtern – daß sie Kinder zeugen. Vermehret euch daselbst, daß eurer nicht weniger werden. Und sucht Frieden für das Land, in dem ihr lebt, denn wenn dort Frieden herrscht, so wird überall Frieden sein."

Er befürwortet eine Verschmelzung, eine Symbiose zwischen dem Land Israel und dem Volk Israel. „Da ihr nun in der Diaspora seid", sagt er seinem verbannten König, „tut etwas, um dieser Diaspora Sinn zu geben, sonst wird euch Verzweiflung überkommen, und Verzweiflung hat keinen Platz in der jüdischen Geschichte."

Warum betont er immer wieder, daß Nebukadnezar der Gesandte Gottes ist? Indem er den babylonischen König unter die Autooorittät Gottes stellt, scheint Jeremias den Glauben Israels an seine eigene Zukunft zu untergraben, an seine Fähigkeit, für diese Zukunft zu kämpfen. Aber das ist falsch. Jeremias beruft sich auf Gott, weil er weiß, Israels Leiden ist unvermeidlich und er möchte ihm einen Sinn geben, denn schlimmer als Leiden ist sinnloses Leiden. Und der Sinn muß im Leid selbst gefunden werden.

Ein weiteres Beispiel für Jeremias' Empfindsamkeit und Größe: nehmen wir die rätselhafte Episode von Hananias und seiner falschen Prophezeiung. Es scheint, als gäbe Jeremias zu schnell nach, als billige er Hananias' Optimismus. Auch das ist nicht richtig. So drückt er eben seinen Widerstand aus, indem er eine Stimme, die nicht seine eigene ist, erstickt und sich von einer Vision abwendet, die ihm aufgebürdet wurde. Auch früher mußte er schon vielen Familien so viele schreckliche Dinge, so viele Katastrophen voraussagen, an die er wahrscheinlich selbst nicht glauben wollte, die er wahrscheinlich als törichte Ängste und Vorahnungen abtun möchte. Vielleicht möchte er seinem Volk sagen: „Hört zu, glaubt ihr auch nur einen Augenblick, meine Rolle mache mir Spaß, ich hätte Vergnügen daran, euch Trümmer und Ruinen vorauszusagen? Hananias ist optimistisch, und Gott ist es nicht – nun gut: Amen, möge Hananias recht behalten!" Durchaus möglich, daß Jeremias hofft, die falsche Prophezeiung des Hananias könne wahr werden, wenn er sie billigt; mit anderen Worten, er hofft, Gott zwingen zu können. Schließlich wird Gott wohl nicht beide desavouieren, den wahren und den falschen Propheten. Jeremias merkt gegenüber dem optimistischen Hananias, wie gern er auch vergnügt wäre, ein Mensch wie andere auch, gemeinsam mit ihnen hoffend, und wie er sich danach sehnt, den Glauben an die Schöpfung, an das Leben zu rechtfertigen. Ja, Jeremias gibt der Schwäche nach: er ist auch nur ein Mensch.

Er handelt menschlich, sowohl wenn es um theologische Konzepte geht, wie in Kleinigkeiten. André Neher erklärt in seinem grundlegenden Buch über Jeremias, die Tatsache, daß sich der Prophet der kollektiven Tragödie entzieht und die Zeit benutzt, ein Stück Land zu kaufen, ist durchaus nicht geringfügig oder sinnlos; es ist Absicht.

Die Absicht ist, seinen Zeitgenossen und ihren Nachkommen eine Lehre zu erteilen: Es kommt eine Zeit, in der man sich vom Tod und den Toten abwenden muß; man muß sich ans Leben klammern, das nach Minuten, nicht immer nach Jahren und gewiß nicht nach Jahrhunderten zählt; man muß kämpfen, um nicht von der Geschichte überwältigt zu werden, sondern fest, einfach und menschlich darauf reagieren. Mitten in einer nationalen Katastrophe muß man weiter lehren und lernen, Brot backen und verkaufen, Bäume pflanzen und auf die Zukunft setzen. Man soll nicht das Ende der Tragödie abwarten, um mit dem Bau und Wiederaufbau des Lebens zu beginnen; man sollte es schon angesichts der Tragödie tun. Die Stadt ist belagert? Das Volk hungert? Kinder haben Angst? Und der Prophet ist im Gefängnis? Das spielt keine Rolle: er trifft seinen Onkel, handelt Verträge aus, bezahlt Geld und verkündet: „Od yibanu batim – Macht euch keine Sorgen, Brüder. Viel mehr Häuser noch werden in diesem zerstörten Land wieder aufgebaut werden."

Allein wegen dieser dringlichen und ergreifenden Lektion lieben wir Jeremias. Mehr als die meisten anderen Propheten gibt er uns ein Beispiel, wie man sich verhalten soll, nicht vor und nach Zeiten der Not, Anspannung und Gefahr, sondern mitten drin.

Obgleich allein, sieht er sich doch stets in Verbindung mit seinen Mitmenschen, die ihn ablehnen. Er ist zwar deprimiert, versucht aber dennoch nicht, der Gegenwart zu entfliehen und sich in die Zukunft zu retten; er arbeitet in und mit der Gegenwart. Mitten in einer aufgelösten, entmenschlichten Welt zwingt er sich, die zerbrochenen Stücke aufzuheben, und träumt von den Möglichkeiten des Menschen, Harmonie zu stiften.

Jeremias hält an Gottes Gesetz fest, bezweifelt aber Seine Gerechtigkeit. Zunächst lehnt er die Verantwortung einer moralischen Führung ab, er möchte Gott nicht als Prophet dienen. Er sagt: „Ich möchte ein Kind bleiben." Er wird erst Prophet, als er meint, dadurch Unglück abwenden zu können; als er merkt, daß das unmöglich ist, protestiert er heftig. „Natürlich bist Du gerecht und rechtschaffen, Gott, aber ich werde mit Dir streiten, ich habe keine Wahl: gerade weil Du gerecht bist und Dein Name Wahrheit, muß ich mit Dir streiten. Oh, könnte ich nur gehen und mich in der Wüste verbergen, fern von allen Menschen." Nur von den Menschen? Nein, auch von Gott. Wie Jona möchte er fliehen, untertauchen, um einem von Gott bestimmten Schicksal zu entgehen. Wenige Propheten haben mit solchem Schmerz und Ungestüm gegen göttliche Ungerechtigkeit protestiert – oder gegen göttliche Gerechtigkeit, die noch schlimmer ist.

Wir haben ihn kritisiert, weil er nicht mit den Verbannten in Babylon geblieben ist. Er hat es versucht. Der Midrasch beschreibt, wie er zu Kindern geht, sie umarmt und küßt. Als er auf eine Gruppe gequälter junger Männer stößt, schließt er sich ihnen an und will ihren Schmerz teilen. Als eine Anzahl Juden gehenkt werden soll, versucht er, sich auch aufzuhängen. Er möchte mit ihnen sterben, es gelingt ihm aber nicht, der Feind läßt es nicht zu. General Nebuzaradan sagt zu ihm: „Ich habe Befehl, Euch am Leben zu erhalten." Jeremias muß weiterleben, weil der Feind nicht will, daß er stirbt. Auch im Leiden bleibt er allein, getrennt von seinem Volk. Und so beschließt er, nicht bei ihnen in Babylon zu bleiben. Er weiß, er ist anders und wird nie sein wie sie: er ist verdammt, allein zu leiden und allein zu sterben. Es ist ihm unerträglich, nur Zuschauer bei ihrem Untergang sein zu müssen, und deswegen kehrt er nach Juda zurück und nimmt seine Erinnerungen mit.

Und hier schließt sich der Kreis. Der Prophet Israels ist ein Prophet aller Völker geworden. Er versteht nun – und lehrt auch andere es verstehen –, daß Israels Schicksal das Schicksal aller beeinflußt. Was Juda geschieht, wird schließlich auch Babylon zustoßen, dann Rom und letztlich der ganzen Welt. Und von daher wird der jüdischste aller jüdischen Propheten allgemeingültig.

Jeremias spricht uns an als Schriftsteller, vor allem als ein moderner Chronist; seine fixen Ideen sind auch die unseren, ebenso seine großen Themen. Hören wir einige Beispiele:

Zweifel an sich und anderen: Wird er in der Lage sein, eine Geschichte zu erzählen, die jeder Sprache und Vernunft spottet? Wird er seiner Mission würdig sein? Wird es ihm gelingen, die Botschaft mitzuteilen? Wird das Volk ihm glauben? Er erinnert uns an den Überlebenden aus dem Getto, der aus Ponar und Treblinka zurückkam, um seine Freunde zu warnen, die ihm aber nicht zuhören wollten.

Einsamkeit: Keine Einsamkeit ist größer als die eines Boten, dem es nicht gelingt, seine Botschaft zu vermitteln. Keiner ist so allein wie der Prophet, der sich auf Gottes Befehl fern von jenen halten muß, zu denen er geschickt wurde, um sie zu warnen und zu retten. Keiner ist so allein wie der Mann, der sprechen muß und nicht gehört wird.

Verzweiflung: Oft kann sich Jeremias der Hoffnungslosigkeit nicht erwehren. Man höre:

„Mein Herz ist zerbrochen in mir.
Ich bin wie ein Trunkener
und zum Gespött geworden in diesen Tagen.
Jeder spottet meiner,
denn wenn ich spreche, muß ich schreien
und klagen über Gewalt und Missestand..."

Er bleibt unverheiratet. Nur auf Gottes ausdrücklichen Befehl: „Du wirst doch nicht heiraten und Kinder haben wollen?" Oder ist es nicht wahrscheinlich, daß Jeremias, dessen Glaube an die Menschheit gering ist, keinen Grund dafür sieht, Kinder in eine Welt zu setzen, die sich selbst den Untergang bereitet.

Protest: Gegen Menschen und ihre Blindheit, gegen Gott und Sein Schweigen. Warten: Am Ende der Geschichte lesen wir, daß der Prophet Gott die gleiche Frage stellt, die ihm von den Führern Judas gestellt wurde: was sollten sie tun? Und Gott wartet zehn Tage, bis Er antwortet. Man versuche, sich diese zehn Tage vorzustellen, um nachfühlen zu können, was die Juden in ihrem Getto empfanden, irgendwo in Osteuropa und anderswo.

Zeugnis: Jeremias hört nicht auf zu reden, zu befehlen, jeden Traum zu notieren, jeden Befehl, jedes Flüstern, jede Anekdote, jede Episode, jede Klage, jeden Aufschrei. Er weiß, seine Stimme wird niemanden erreichen und doch: er ruft, schreit, warnt, fleht, betet. Er kann nicht anders: Er muß etwas anfangen mit seinem Leben. Wenn er überlebt, muß das doch einen Zweck haben; aus jeder Minute muß er etwas machen – denn jede Minute ist eine Gnadenfrist.

Und das letzte Thema: Trost. Jeremias hört auf zu strafen und beginnt, sein Volk zu trösten. Der gleiche Prophet, der das Leiden mit ansehen mußte, beschreibt auch das Ende des Leidens. Der Chronist der Zerstörung findet auch Worte für den Beginn der Tröstung.

Jeremias ist daher der erste – und eloquenteste – jüdische Schriftsteller aller Zeiten. Noch heute bedienen wir uns seiner Worte, um unsere Erfahrungen zu beschreiben. Von allen Propheten wird er am meisten zitiert; seine Worte treffen auf alle Umstände zu. ‚Schalom, Schalom vein Schalom – Jeder spricht vom Frieden, und es gibt keinen Frieden.' – ‚Schfokh hamatcha al hagoyim – Strafe die, die dich verwerfen'. Der Ausdruck ‚Katzon latevach – wie Schafe auf der Schlachtbank' ist fast zu einem Klischée geworden. ‚Palit vesarid – der Flüchtling, der Überlebende' stammt auch von ihm. Oder: ‚Lo alman Israel – Noch ist Israel nicht allein und verlassen.' Einige Passagen des Buches werden in den Chroniken des Holocaust von Ringelblum, Dweorzecki und Kaplan verwendet.

Wie sie, wußte auch er nicht, ob seine Schriften je das Licht des Tages erblicken würden, ob künftige Generationen je die Wahrheit erfahren würden.

Einige moderne Wörter oder Ausdrücke gewinnen eine neue Bedeutung nur, wenn sie in einem biblischen Zusammenhang gebraucht werden und umgekehrt. Einige biblische Metaphern werden nur verständlich, wenn unsere eigene Erfahrung sie unterstreicht. Hören wir Jeremias:

„Ich sehe die Himmel, und ihr Licht ist vergangen. Ich sehe die Berge, und sie erbeben. Ich blicke umher: kein Mensch mehr zu sehen, und die Vögel des Himmels sind geflohen..."

Bebende Berge? Was wollte Jeremias damit ausdrücken? Ich habe nie die Bedeutung dieser Worte verstanden, bis ich Babi-Yar besuchte. Augenzeugen hatten mir gesagt, daß im September 1941, als die deutschen Angreifer einige 80000 Juden zwischen Rosch-ha-Schana und Jom Kippur ermordeten und sie in der Schlucht in der Nähe von Kiew begruben, die Erde wochenlang bebte. Die Leichenberge ließen die Erde erbeben. Da verstand ich Jeremias.

Was die Vögel des Himmels betrifft, die geflohen sind, so verstand ich des Propheten Symbolik erst, als ich im Sommer 1979 nach Auschwitz und Birkenau zurückkehrte. Erst dann erinnerte ich mich, daß während des Sturmes von Feuer und Schweigen nicht ein Vogel am Horizont zu sehen war: sie hatten den Himmel verlassen. Ich stand in Birkenau und erinnerte mich an Jeremias.

Eines Tages wurde des Propheten treuer Freund und Schreiber, Baruch ben Neria, verhaftet und vor den König gebracht, der Jeremias' Buch lesen wollte. Die Szene trug sich zu im königlichen Winterpalast. Der König stand vor dem offenen Kamin, las die Geschichten von Jeremias und zerstörte sie danach. Ruhig und systematisch las er eine Schriftrolle nach der anderen und warf sie in die Flammen, bis schließlich Jeremias' Meisterwerk zu Asche geworden war. Jeder andere Schriftsteller hätte den Verstand verloren. Nicht so Jeremias. Er begann einfach, das Buch noch einmal zu schreiben, und fügte die Geschichte der Zerstörung des ersten Exemplars an. Und darin liegt Jeremias' letzte Lehre für alle Geschichtenerzähler: noch einmal schreiben ist schwieriger und wichtiger als zu schreiben, weiterzugeben ist notwendiger als zu erfinden.

Und was tun wir, wir Schriftsteller, wir Zeugen, wir Juden? Seit mehr als dreitausend Jahren wiederholen wir die gleiche Geschichte, die Geschichte eines einsamen Propheten, der alles, auch sein Leben, dafür gegeben hätte, wäre es ihm erlaubt worden, eine andere Geschichte zu erzählen, eine Geschichte von Freuden und glühenden Leidenschaften und nicht von Kummer und Angst.

Aber er gab nur weiter, was er erhielt – und das tun auch wir. Und wenn Gott ihm zürnte, weil er nicht weinte, wir zürnen ihm nicht. Im Gegenteil: wir sind stolz auf ihn. Die Welt war seiner Tränen nicht würdig und auch nicht der unserigen.

Jona
oder die Chancen des Menschen

Ein eigenartiger Mensch, dieser Jona. Ein Außenseiter im Vergleich mit anderen biblischen Gestalten. Seine Probleme hatte keiner oder hätte sie doch auf andere Weise gelöst. Ist er ein Prophet? Wenn ja, warum wird er nie als solcher bezeichnet? Ein Mensch, der mit Gott rechtet, nicht um Menschen zu retten, sondern zu strafen, was ist das überhaupt für ein Prophet?

Jona ist ungeschickt, aber er hat Glück. Nirgends fühlt er sich zu Hause oder am richtigen Platz. Immer taucht er dort auf, wo man ihn am wenigsten erwartet, und weigert sich, dorthin zu gehen, wohin er geschickt wird.

Was will er? Warum stellt er sich sowohl gegen den Allmächtigen wie auch gegen dessen schwache verletzliche Menschengeschöpfe? Wenn er wenigstens Einfluß oder Macht hätte, ein Fürst wäre wie Jesaja, ein königlicher Berater wie Nathan oder Zeugnis ablegte wie Jeremias ... Aber obwohl wir wenig von ihm wissen, wissen wir doch, daß er weder berühmt war noch an einer der großen dramatischen Umwälzungen in der Geschichte des jüdischen Volkes mitwirkte.

Jona gehört zu den „Kleinen Propheten", zuständig für die kleinen Leute gewissermaßen. Genauer gesagt, ist er der Fünfte einer Reihe von Zwölfen, deren Worte nicht vergessen sind, deren Leben wir aber nicht kennen. Bei Jona ist es jedoch genau umgekehrt. Seine Geschichte wird verlesen in der ersten Gebetsstunde von Jom Kippur, aber erst während der Mincha, dem Nachmittagsgebet, bei Einbruch der Dunkelheit, wenn die Versammelten müde und hungrig geworden, den liturgischen Höhepunkt erwarten, den Gesang der Neila. Man könnte beinahe sagen, die Geschichte des Jona sei nebensächlich, nachträglich eingeschoben, ein Lückenbüßer. Armer Prophet, er ist eher unterhaltend als aufrüttelnd, läßt seine Leser eher lächeln als weinen.

Und doch geraten wir beim Lesen seiner Geschichte ins Grübeln, und unsere Träume werden dunkler und tiefer.

Beim Klang seines Namens beginnen unsere Gedanken zu schweifen auf der Suche nach Abenteuern und Wundern. Wir denken an den Walfisch, hören den brüllenden Sturm, durchstreifen laute Städte mit ihrem lockenden nächtlichen Treiben und ihrem korrupten Alltag. Prüfend blicken wir gen Himmel, jeden Augenblick gewärtig, daß er aufreißt und Feuer und Schwefel auf alle jene herabschickt, die vergessen haben, daß auch die Erde dem Herrn gehört. Das Buch des Jona könnte also ebenso als der Roman des Menschen Jona gelesen werden, als reine Dichtung mit religiösen und theologischen Obertönen und sogar mit dem einen oder anderen Hinweis für Ökologen. So betrachtet, ist die Geschichte anrührend in ihrer Einfachheit und Naivität, und sie ist vor allem dramatisch. Sie handelt vom Warten, einem Warten auf kommende Ereignisse, Dinge, auf die man gefaßt ist, die aber nicht eintreten. Wir sind stets auf das äußerste gespannt, doch wie durch ein Wunder tritt das Letzte nie ein. Jona flieht, aber nicht weit genug. Das Schiff droht zu sinken, hält sich aber über Wasser. Um ein Haar stirbt Jona, um ein Haar wird Ninive zerstört. Man könnte es eine phantastisch spannende Geschichte nennen – für Kinder – mit einem großartigen Happy-End. Vorbei die Angst, ausgelöscht die unheilvollen Prophezeiungen. Alle Katastrophen, persönliche und nationale, abgewendet. Alle Beteiligten sind zufrieden. Ninive, weil der Strafe entgangen, Gott, weil es Ihm ohne zu große Mühe gelingt, Ninive vor der Strafe zu bewahren. Auch der Leser ist zufrieden: wenn das gottlose Volk von Ninive davonkommt, und zwar straflos, weiterlebt, blüht und gedeiht, warum dann nicht jeder andere auch?

Und Jona, ist er auch mit dem Ergebnis zufrieden? Was hat er aus dieser Prüfung gewonnen, in der er allein gegen alle anderen Beteiligten steht?

Die Geschichte beginnt, als Gott einem gewissen Jona, Sohn des Amittai, befiehlt, nach Ninive zu eilen und seine Bewohner zur Buße aufzufordern, sonst werde ihre Stadt innerhalb von vierzig Tagen zerstört. Als Prophet sowohl des Unterganges wie des Erbarmens müßte er den göttlichen Auftrag annehmen, schließlich ist es sein Beruf, seine Berufung. Als Gesandter Gottes muß er Seinem Willen gehorchen, wenn er hofft, andere dadurch zu gleichem Tun zu veranlassen. Es ist wahrscheinlich nicht sein erster Auftrag, wohl aber seine erste Verweigerung: er will nicht nach Ninive gehen. Mit anderen Worten, er tut genau das, was er Ninive predigen soll, nicht zu tun: er widersetzt sich Gottes Willen. So fest ist er entschlossen, daß er nicht zögert zu fliehen. Er bezahlt Fährgeld und besteigt ein Schiff, das von Jaffa nach Tartessos segelt, also genau in die Gegenrichtung. Warum Tartessos? Sind dessen Bewohner rechtschaffener als die Ninives? Wir wissen es nicht, es soll uns auch nicht kümmern. Es geht lediglich darum, daß Jona sich immer weiter von Ninive entfernt – und von Gott.

Zweiter Akt: Ein Unwetter bricht herein, und das Schiff droht zu sinken. Die Besatzung gibt die Hoffnung auf und nimmt Zuflucht zum Gebet. Vergebens. Ein Matrose erinnert sich an einen Passagier, der nicht gebetet hat: Jona. Man findet ihn unter Deck, fest schlafend in der Kajüte.

Die Seeleute wecken ihn und befehlen ihm, an Deck zu kommen. Einer der Passagiere muß verantwortlich sein für das drohende Unglück. Sie werfen Lose, und die Rolle des Schuldigen fällt auf Jona. Bereitwillig bekennt er sich dazu und schlägt sogar seine Strafe vor, man solle ihn ins Meer werfen. Er möchte sterben, und die Mannschaft tut ihm den Gefallen, indem sie ihn über Bord wirft.

Dritter Akt: Der Schauplatz wechselt vom Schiff zu einem riesigen Wal, von Gott gesandt, Jona zu verschlingen und damit zu retten. Und Jona bleibt im Leibe des Wals drei Tage und drei Nächte. Es ist unbequem, er fleht zu Gott um Gnade, er bereut, er wird nach Ninive gehen, er wird predigen, er wird alles tun, alles sagen, überall – aber bitte, Gott möge ihn doch aus seinem Unterwassergefängnis befreien!

Vierter Akt: Raus aus dem Wal, raus aus dem Wasser! Wieder an Land eilt Jona nach Ninive und predigt im Namen Gottes, und Wunder über Wunder, das Volk hört zu und bereut. Das gefällt Gott, mißfällt aber Seinem Abgesandten, den der Erfolg mehr verstört als der Mißerfolg. Wieder möchte er sterben. Am Rande der Stadt baut er sich eine Hütte als Schutz vor der sengenden Sonne. Und siehe da, ein Strauch beginnt neben ihm zu wachsen, ein Rizinus, der seinem Haupte Schatten spendet. Und endlich ist Jona glücklich. Aber nicht lange. In der Morgendämmerung wird dieser Strauch von einem Wurm gefressen. Kein schützender Schatten mehr. In der unerbittlichen Hitze wird Jona ohnmächtig. Wieder will er sterben. Kein Prophet ist je von einem so starken und immer wiederkehrenden Todeswunsch beseelt gewesen. Welch günstige Gelegenheit für Gott, ihm eine Lehre zu erteilen: Jona, Jona, du hattest Mitleid mit einem Strauch, aber nicht mit einer Stadt voller Menschen? Wirklich, Jona...

Es gibt keinen fünften Akt, wenigstens nicht in der Bibel, jäh endet der Dialog. Gott gewinnt die Auseinandersetzung, weil Jona Ihn nicht widerlegen kann. Aber was passiert dann? Wenn es eine Antwort gibt, so ist sie unbekannt. Kaum ist die Frage aufgeworfen, ist die Geschichte auch schon zu Ende. Armer Prophet: er erfährt noch nicht einmal den Ausgang seiner eigenen Geschichte. Beim näheren Hinsehen finden wir jedoch etwas sehr Beunruhigendes, sogar Bestürzendes, was die Geschichte angeht. Sie ist zu oberflächlich, der Knoten ist zu locker geschürzt, alle diese Wunder, die Überraschungen sind zu durchsichtig. Dem Buch Jona fehlt es an Inspiration, an Logik und vor allem an prophetischer Schau. Wenn es Jona so ums Sterben geht, warum hängt er dann am Leben? Warum sucht er die Kühle des Schattens, wenn er doch eigentlich freudig jedes Leiden auf sich nehmen sollte? Es ist eine eigentümliche Mischung von Lebenskraft und Todeswunsch. Welche Seite ist die wahre?

Warum ist er so entschlossen, der schicksalshaften Zerstörung Ninives ihren Lauf zu lassen? Warum ist er darauf aus, die Bußfertigkeit der Stadt und damit die Chance des Überlebens zu sabotieren? Was ist das für ein Prophet, der ein Volk daran hindern möchte, auf Gottes Wege zurückzukehren? Wird er nicht durch sein Handeln zum Gegenpropheten?

Und daher die Frage: War er je ein Prophet? Der Leser bezeichnet ihn so, nicht der Autor. Das Buch seines Namens enthält eine Art Posse über einen Mann, der, warum es verschweigen, eher ein seltsamer Kauz als ein Held zu sein scheint. Seine Prophezeiung besteht nur aus einem Satz: „In vierzig Tagen wird Ninive zerstört werden." Ansonsten geht es um einen Wal und einen Rizinusstrauch.

Es ist auch irgendwie ärgerlich, daß die biografischen Daten dieses Mannes so geheimnisumwittert sind. Wir wissen von ihm lediglich, daß er als seltsam auffiel, und zwar so sehr, daß man in manchen Kreisen glaubte, es nicht mit einer, sondern mit zwei Personen zu tun zu haben.

Mit anderen Worten: Es lebte einmal ein Mann namens Jona, Sohn des Amittai, und es gab ein Buch Jona. Aber obwohl der Mann der Prophet war, war er doch nicht der Autor des Buches.

Nach dieser Theorie lebte der erste Jona im 8. Jahrhundert v. Chr., und das Buch wurde ungefähr fünfhundert Jahre später geschrieben. Es enthält nämlich gewisse Begriffe, die unter König Jerobeam noch nicht gebräuchlich waren, sondern erst viel später aufkamen. Um das Rätsel dieser Verschiebung um fünfhundert Jahre zu lösen, haben einige Fachleute den Ausweg gefunden, zwei Männer namens Jona einzuführen. Jeder Schriftsteller wird bestätigen, daß es leichter ist, die Handlung und die Rollenbesetzung auszuweiten, als einen einzigen komplizierten Charakter zu erfinden. Jeder Detektiv wird bestätigen, daß es leichter ist, mit einem doppelten Geheimnis zu tun zu haben als mit einem einzigen. Mit zwei Männern namens Jona könnten wir die sprachlichen Probleme lösen, aber nicht die geschichtlichen und philosophischen. Wir wissen bedauerlich wenig über den ersten Jona, den Sohn Amittais, und noch weniger über den zweiten.

Von dem ersten erfahren wir im Zweiten Buch der Könige, Gott habe ihn ausgesandt, um den sündigen König Jerobeam zur Läuterung aufzurufen, aber ohne Erfolg. Von dem zweiten hören wir, er sei in ähnlicher Mission nach Ninive gesandt worden und hätte Erfolg gehabt.

Natürlich interessiert uns hier der letztere. Erstens wegen der Geschichte selbst. Zweitens weil dieser Jona so offenkundig Gefallen an Mißerfolg und Unglück hatte. Und drittens wegen seines Berufes; schließlich war er Schriftsteller, und zwar ein guter. Phantasie, Einbildungskraft, Wortschatz: Jona hat sein Buch so gut geschrieben, daß der ausbleibende Erfolg nicht überrascht. Unglücklich, immer vom Pech verfolgt. Selten nur widerfährt ihm etwas Gutes. Keine Ehren, keine Belohnungen, keine Freunde, keine Anhänger. Was er auch unternimmt, scheint fehlzuschlagen. Wenn er gewinnen will, verliert er, wenn er lieber verlöre, gewinnt er. Er ist ein D.P., Displaced Person, ein Verschleppter, der in der inneren Emigration lebt. Anti-Held par excellence, ergreift er nie die Initiative, erstrebt keinen Ruhm, plant keine grandiose Veränderung des Lebens oder der Geschichte. Völlig passiv, läßt er andere sich aufregen und Entscheidungen für ihn treffen. Anstatt gestaltend in das Geschehen einzugreifen, läßt er sich treiben. Anstatt Menschen zu führen, stößt er sie herum. Er tritt nur auf, um an Gott oder sich selbst die Frage zu richten: „Was soll ich hier? Warum bin ich hierher geschickt worden? Was bedeuten diese Ereignisse, in die ich verstrickt wurde?" Immer sucht er nach Antworten, immer will er sich versichern, nicht auf dem falschen Dampfer zu sitzen.

Tatsächlich sind schon die Fragen falsch. Anstatt zu fragen, warum Gott ihn in aussichtsloser Mission nach Ninive schickt, sollte er fragen: „Warum muß ich gehen? Ich bin zwar Dein Prophet, aber auch ein Prophet ist ein Mensch, also frei. Ich könnte ja auch nicht nach Ninive gehen wollen. Ist es nicht Ziel menschlichen Strebens, das eigene Freiheitsgefühl zu vertiefen?"

Statt dessen bekennt er sich zu seiner Pflicht, dem Marschbefehl zu gehorchen, und stellt gleichzeitig fest, er sei nicht in der Lage, ihn durchzuführen. Und dann läuft er weg wie ein Kind, das Schelte fürchtet. Besser als andere sollte Jona, Abgesandter Gottes, wissen, daß Geographie nichts mit Theologie zu tun hat und seit Adams Zeiten es noch keinem Menschen gelungen ist, sich vor Gott zu verstecken; Gott ist immer schneller als der Mensch und stets als erster da, selbst wenn Er als letzter aufbricht, Menschen können vor Menschen fliehen, aber nie vor Gott. Was trieb also den Propheten, den der Allmächtige zu Seinem Prediger, zu Seinem Boten ausersehen hat, sich plötzlich wie ein entlaufener Sklave zu benehmen?

Elias floh vor Isebel, Jeremias vor Jojakim, aber nur Jona floh vor Gott. Wußte er nicht, daß er verlieren mußte? Einmal in die falsche Richtung gelaufen hieß, daß auch alles Folgende mißlingen mußte. Jeder Schritt, das merkte er, bedeutete einen neuen Fehler. Er betritt ein Schiff, nur um ins Meer zu fallen. Er fällt ins Meer, nur um das Schiff zu retten: damit das Schiff nicht sinkt, muß er über Bord springen.

Außer dem Entschluß zu fliehen, seiner einzigen Initiative, läßt er passiv alles über sich ergehen. Der Wal verschlingt ihn, hält ihn fest und läßt ihn wieder frei, ohne sein Zutun. Ein anderer zieht die Fäden, ein anderer bestimmt den Kurs. Diese Tatsache wird im Text des öfteren betont: Gott ist der Regisseur des Dramas, in dem Jona eine Rolle spielt. Ist er der Star? Nein, eigentlich nicht. Der Talmud sagt, der Wind in der Geschichte wurde schon vor der Schöpfung geschaffen zu dem einzigen Zweck, zum Sturm zu werden, der das Schiff zu zerstören droht. Ohne Wind gäbe es keine Geschichte. Also spielt der Wind eine entscheidende Rolle. Ebenso der Wal, der eindrucksvoll mitwirkt. Ein menschliches Wesen drei Tage und drei Nächte lebendig im Bauch zu behalten ist schließlich eine stolze Leistung. Jona ist mehr Objekt als Subjekt einer Geschichte, die ihm mißfällt, verständlicherweise, denn sie wird ihm nicht gerecht.

Er scheint nur aufzutreten, um seine eigene Verletzlichkeit zu demonstrieren, sein häufiges Mißlingen. Ninive wird gegen seinen Willen gerettet werden, was bedeutet: er hat Erfolg, obwohl er keinen haben will. Schließlich kommt er sich nicht nur nutzlos vor, überflüssig, sondern auch schuldig; hat Gott die Pflanze, den Rizinusstrauch, nicht gegeben und wieder genommen, um etwas Bestimmtes zu beweisen? Jona hatte den Rizinus liebgewonnen. Er hatte ihn wohl mehr geliebt als alles andere auf der Welt, weil er ihm Schutz bot und keine Gegenleistung verlangte. Und nun war er eingegangen, seinetwegen oder eigentlich Gottes wegen, der ihm eine Lehre erteilen wollte. Die Pflanze war gewissermaßen für ihn gestorben.

Und so erscheint Jona in der Heiligen Schrift als das vollendete Beispiel des Anti-Helden, der sein ganzes Leben lang und in allen seinen Bestrebungen ein völliger Versager war. Er versagt als Prophet, da er lieber zum Gegenpropheten wird; er versagt als Ausreißer, weil er schließlich doch in Ninive auftaucht. Er versagt sogar in seinem Todeswunsch: zweimal möchte er sterben, nur um voller Reue weiterzuleben. Gibt es in der Bibel einen Propheten, der frustrierter ist als Jona?

Kein Wunder, daß er sich weigert, Gott zu gehorchen, als er nach Ninive gehen soll. Jona sagt: „Nein, nein, vielen Dank!"

Gerechterweise muß man sich anderer Propheten erinnern, die auch „nein" zu Gott gesagt haben. Er war weder der erste noch der einzige. Sogar Moses hat mit Gott gestritten und gesagt: „Warum ich? Du brauchst einen Verkünder – schick einen anderen!" Und man denke an Jeremias und seine Ausflüchte. „Ich bin nur ein Kind", sagte der, „Du brauchst einen Erwachsenen, einen erfahrenen Mann." Aber Jona ist anders: er ist der erste – und einzige –, der seine Mission mit Worten und Taten ablehnt. Er flieht aus dem Land. In echter Tradition romantischer Flüchtlinge segelt er nach Westen in die sinkende Sonne.

Wenn aber nun sein Widerstand auch von Gott gewollt war? Und wenn seine Flucht aus Ninive ihn recht eigentlich nach Ninive zurückbringen sollte? Warum dachte er nicht so weit voraus? Warum widersprach er sich selbst so oft? Genaugenommen ist ein Prophet, dessen Voraussagungen nicht eintreffen, ein falscher Prophet. Und doch bleibt Jona ein wahrer Prophet. Wie soll man sein kompliziertes und wunderliches Schicksal verstehen?

Unsere Aufgabe wird noch dadurch erschwert, daß wir fast gar nichts über ihn wissen. Sein Dossier in der Heiligen Schrift ist erstaunlich schmal: sein Name, der seines Vaters, weiter nichts. Wo wohnt er? Geheimnis. Wann? Fehlanzeige. Wer sind seine Freunde, seine Lehrer, seine Feinde? Nicht zu ermitteln. Was tat er vor dem Ereignis, das ihn berühmt machte? Was wurde nachher aus ihm? Niemand sagt es uns. Ohne Ninive und seine sündigen Bewohner wäre Jona in den heiligen Büchern der jüdischen Geschichte gar nicht vorgekommen – genausowenig wie der Wal.

In dem Text finden wir lediglich eine nüchterne, realistische Beschreibung des einzigen Ereignisses, das wir von ihm im Gedächtnis behalten sollen. Die Geschichte ähnelt einem Stück von Tschechow: Jona weigert sich zu gehorchen, Jona gehorcht, Jona hat gehorcht. Ende.

Glücklicherweise ist der Talmud wie immer ausführlicher, indem er seine biblischen Porträts mit größerer Phantasie und mehr Einzelheiten ausstattet. In einer Quelle wird Jona nach David und Samuel eingereiht. Wir sollen sogar glauben, daß er Elias gleichgeordnet war, der ihn zum Propheten weihte.

Die Midrasch-Legenden beschreiben ihn als ‚Zaddik gamour' – einen wahrhaft Gerechten, einen vollkommenen Gerechten, der zu den wenigen Auserwählten gehört, die das Paradies lebend betreten werden. Eine Quelle hebt sogar hervor, daß Jona reich war, wohl weil er Fährgeld bezahlte und nicht als blinder Passagier reisen mußte. Kurioserweise betont ein Text, daß die Schiffsreise mehr kostete als das ganze Schiff.

Die Phantasie des Midrasch bemächtigte sich auch seiner Frau, leider bleibt sie anonym, sie sei aber so fromm gewesen, daß die Weisen ihr nicht verwehrten, dreimal jährlich nach Jerusalem zu pilgern. Getreu ihrer Tradition beschäftigen sich die Midrasch-Erzähler auch mit den zweitrangigen Gestalten. Die Matrosen z.B. sind nicht bloß einfache Seeleute; sie repräsentieren gewissermaßen die ‚Vereinten Nationen‘, reden in siebzig Zungen und flehen – wenn auch vergeblich – zu allen vorhandenen Göttern um Rettung. Nachdem sie Zeugen der erfolgreichen Fürbitte des Jona bei seinem Gott geworden waren, werfen sie ihre Götzen ins Meer, segeln zurück nach Jaffa, begeben sich nach Jerusalem und, so lautet der Text, „geben ihre Frauen zurück" – was immer das bedeuten mag – „und werden gelehrte Männer".

Die Beschreibung des Sturmes im Midrasch ist fast dreidimensional: Vor unseren Augen tanzt das Schiff hilflos auf den Wellen, wir hören es krachen, wir sehen die Matrosen verzweifelt durcheinanderlaufen, hören ihr Wehklagen. Sie wollen Jona nicht ins Meer werfen, aber sie müssen. Im Augenblick als er über Bord ist, beruhigt sich das Meer. Sie fischen ihn wieder heraus, und sofort beginnt die See von neuem zu toben. Dieses Spiel wiederholt sich und wird erst von dem Wal unterbrochen, der nicht zum Spielen aufgelegt ist. Im Midrasch heißt es: „Jona trat in das Maul des Wals wie jemand, der eine Synagoge betritt."

Dennoch, armer Jona: man kann sich gut vorstellen, wie ihm zumute war, als die Seeleute ihn ins Wasser und wieder heraus expedierten. Ein schneller Tod wäre gnädiger gewesen. Die Welt war gegen ihn; jeder wollte seinen Tod, außer dem Wal.

Aber wollte Jona nicht schließlich den Tod Ninives?

Von diesem Gesichtspunkt aus ist die Geschichte Jonas noch befremdlicher, denn alle Beteiligten erscheinen in einem etwas trüben Licht. Alle handeln sträflich, alle sind schuldig.

Nehmen wir Ninive. Seine Schuld liegt klar zutage; es ist eine sündige Stadt, deren Bewohner einen angestammten Haß auf Israel hegen, das Ninives Gegenpol ist. In biblischer Symbolik verkörpert Ninive Krieg, Betrug, Neid und Grausamkeit und verdient daher den Untergang. Es rangiert nicht weit nach Sodom.

Und die Schiffsbesatzung: schuldig im Sinne der Anklage. Sie beseitigt einen wehrlosen Passagier, um die eigene Haut zu retten. Unerheblich, daß er selbst sie bittet, ihn ins Meer zu werfen, denn seit wann muß man einem potentiellen Selbstmörder nachhelfen? Man könnte einwenden, die Matrosen seien nicht wirklich anti-semitisch, ihre Lage aber so mißlich, daß sie jeden anderen genauso behandelt hätten, d.h. die gleiche Selbstsucht, die gleiche Gier zu überleben an den Tag gelegt hätten. Sie wären gegenüber jedem anderen Opfer nicht weniger grausam vorgegangen, ohne Rücksicht auf Rasse, Hautfarbe oder Glauben, und das ist nichts Neues. Wir wissen aus Erfahrung: wer Juden haßt, wird schließlich alle Menschen hassen; wer eine Gruppe haßt, haßt im Grunde die Menschheit. Jedenfalls sind die Seeleute keine sehr ansprechenden Zeitgenossen. Wir dürfen unser Leben nicht auf Kosten eines anderen retten. Das Jüdische Gesetz schreibt vor, eine Gemeinschaft dürfe nie eines ihrer Mitglieder dem Feind ausliefern, selbst wenn die Weigerung den Tod der ganzen Gemeinde bedeutet. Obwohl Jona nicht einer der Ihren ist, so ist er doch ihr Gast, ihr Passagier. Wissen sie nicht, daß die Besatzung eines Schiffes die Pflicht hat, das Leben ihrer Passagiere vor ihrem eigenen zu retten? Und überdies: Jona ist kein blinder Passagier, er hat schließlich sein Fährgeld bezahlt.

Sogar das Meer ist schuldig und ebenso der Wind. Warum mischen sie sich ein? Wenn Gott Probleme mit Jona hat und dieser mit Ninive, was geht sie das an?

Wenn Gott Jona strafen oder auf die Probe stellen will, warum muß das Meer seine guten Dienste dafür anbieten? Wurde der Wind nur zu diesem Zweck geschaffen? Hätte er nicht mit Gott diskutieren können: „Hör zu, Allmächtiger Gott, ich sehe ja ein, daß ich Dir helfen muß, Jona zu prüfen, aber er ist nicht allein auf diesem Schiff! Da sind noch andere Menschen! Und sie haben mit dieser Sache nichts zu tun, oder? Ich sehe ein, daß Jona seekrank werden soll, aber warum die anderen? Ich verstehe auch, daß Du ihm das Gefühl des nahen Todes vermitteln willst, aber warum den anderen? Du möchtest meine Hilfe, wenn Du Jona strafst oder zumindest einen Schrecken einjagst, also sei's drum. Aber verlange nicht von mir, absichtlich unschuldige Menschen zu erschrecken."

Was den Wal betrifft, so hat er dem unerwarteten Besucher und Gefangenen sicher Angst eingejagt, wenn auch unabsichtlich. Das Buch Zohar der Kabbala sagt ausdrücklich: Jona starb vor Angst, wurde aber wieder lebendig. Jona selbst spricht von seiner qualvollsten Erfahrung. Seine Bedrängnis erkennen wir bis zum heutigen Tage als unsere eigene, wenn wir uns im Gebet dieses Geschehens erinnern: „Gib uns Antwort, o Gott, wie Du Jona Antwort gabst, als er im Bauche des Wals war." Eingeschlossen nicht nur vom Wasser des Ozeans, sondern auch im Leibe des Wals, betet er herzzerreißend. Muß der Wal wirklich Gott gehorchen? Könnte er nicht Gott fragen, was er denn Böses getan habe, um „einem Menschen, der Ihm und nur Ihm gehört", solches Leid zufügen zu müssen? Letzten Endes rettet der Wal Jona, aber warum erst nach drei Tagen und drei Nächten? Warum durfte er ihn nicht sofort wieder an Land speien?

Alle Elemente können die Schuld Gott zuschieben: schließlich sind sie Ihm zwar verantwortlich, aber genauso ist Er es für sie. Genaugenommen ist Er sowohl Autor wie Regisseur des Dramas. Und leider ist diese Doppelrolle alles andere als schmeichelhaft. Man bekommt den Eindruck, Er habe Jona nur ausgesucht, um sich über ihn lustig zu machen, und ihn zum Propheten geweiht, damit die Welt seiner spotten kann. Schließlich schickt Er ihn nach Ninive, wohl wissend, das Volk werde ihn auf alle Fälle auslachen. Wenn sie nicht auf seine Predigten hören, werden sie doch darüber lachen, und falls sie zuhören, werden sie ihn hinterher auslachen. Gott weiß, was noch niemand wissen kann, daß Ninive nicht zerstört werden wird, und dennoch schickt Er Jona aus, um die Zerstörung zu prophezeien! Wenn Jona wenigstens im Konjunktiv oder konditionell sprechen dürfte: „Hütet euch, wenn ihr nicht bereut, könnte eure Stadt in Asche gelegt werden." Aber seine Warnung ist klar und deutlich, endgültig und unwiderruflich: „In vierzig Tagen wird Ninive zerstört sein." Zu spät für Umkehr, zu spät für Reue. Aber es war nicht zu spät: jeder weiß, es ist nie zu spät für Reue. Nur Jona sollte anderer Meinung sein. Warum veranlaßt Gott Seinen Diener, der Wahrheit auszuweichen? Warum macht Er ihn zum Hanswurst und nimmt ihm auf diese Weise sein Recht auf Stolz und Würde? Gott tut alles, um Seinen Propheten zu erniedrigen: Er läßt ihn lügen, leiden und schließlich verschwinden! Er geht so weit, ihn ins Abseits zu stellen! Er hindert ihn am Sprechen! Das letzte Wort im Buch Jona hat nicht Jona, sondern Gott.

Doch auch Jona ist nicht frei von Schuld. Warum verhält er sich so feindselig gegenüber Menschen, die er überhaupt nicht kennt? Sie sind vielleicht nicht fromm, aber immerhin Menschen. Im Namen einer göttlichen abstrakten Gerechtigkeit ist er bereit, sie alle zu verurteilen, ihrem Untergang zuzusehen. Weiß er denn nicht, daß in Gottes wie der Menschen Augen Ideen und schöne Phrasen weniger wichtig sind als menschliche Wesen? Sein Selbstverständnis steht zwischen ihm und diesem Wissen, seine Sorge gilt nur diesem Bild und nicht dem Leben und Wohlergehen anderer Menschen. Ist er bereit, eine ganze Stadt untergehen zu sehen, nur um seinen Ruf als Prophet zu sichern? Soll Ninive zerstört werden, nur weil er es vorausgesagt hat? Hat er vergessen, was Moses in ähnlicher Lage tat und wieder tun würde? „Laß mich sterben", sagte Moses, „aber rühr nicht ein einziges Kind in Israel an!" Jona hätte sagen sollen: „Laß mich ruhig lügen, aber ich möchte nicht, daß Menschen getötet werden. Wenn es um die Rettung eines Volkes geht – das heißt, um seine Männer, Frauen und Kinder –, zähle ich nicht!" Warum sagt er genau das Gegenteil? Im Augenblick als er begreift, Ninive soll weiterbestehen, wird er wütend. Man muß den Text genau nehmen: nicht der Untergang einer Stadt erzürnt Jona, sondern ihr Weiterbestehen. Und wie soll da noch jemand Wohlwollen für seine Probleme aufbringen? Jahrhundertelang haben Juden den Allmächtigen angefleht, mehr Erbarmen mit Seinen Kindern zu haben, und nun soll Er auf Jonas Wunsch weniger Milde zeigen?

Daher erscheint Jona als die unsympathischste Gestalt der Geschichte. Wir wollen noch einmal die Schilderung des Unwetters lesen: Der Wind heult, das Meer tobt, das Schiff wird bald in tausend Stücke zerbersten; alle sind schwer beschäftigt, jeder versucht zu helfen, einige arbeiten, einige beten, alle Anstrengungen werden gemacht, alle Kräfte eingesetzt; jeder versucht, sich nützlich zu machen außer Jona. Wie beteiligt er sich an dieser gemeinsamen Rettungsaktion? Unglaublich, aber wahr: in dieser krisenhaften Zuspitzung und tödlichen Gefahr, als die Welt auf den Kopf gestellt ist und die Schöpfung in Aufruhr, befindet sich der Prophet – der doch zweifellos kraft seines Amtes feinfühliger, wachsamer, angespannter als der gewöhnliche Sterbliche sein sollte – in der Kajüte und schläft! Anstatt Alarm zu schlagen und sich an die Spitze der Rettungsversuche zu stellen, schläft er weiter! Was ist das für ein Prophet? Warum sollen sich dann die Menschen nicht weigern, seinen Strafpredigten zuzuhören? Und warum sollte Gott ihn nicht verhöhnen?

Aber wenn alle Beteiligten schuldig sind, warum sind sie dann alle bei den Gottesdiensten des Heiligen Jom Kippur vertreten? Brauchen sie auch Versöhnung und Vergebung? Was ist die Moral der Geschichte?

Eine Sache ist klar: die Geschichte ist komplizierter, als sie nach außen zu sein scheint. Die verschiedenen Gegebenheiten verbergen mehr, als sie enthüllen. Die handelnden Personen agieren auf mehreren Ebenen und haben mehr als ein Gesicht.

Und bei einem nochmaligen Lesen werden wir gewahr, wie leicht die Geschichte umgedreht werden kann; gut, wir haben vorhin festgestellt, alle Beteiligten sind schuldig geworden, umgekehrt könnten wir nun behaupten und beweisen, daß alle unschuldig sind und dabei unendlich ergreifend.

Beginnen wir mit Ninive. Zugegeben, seine Bewohner sind verderbt – warum auch nicht? Sie leben in einer großen städtischen Siedlung. Und keiner ist da, der sie anleitet, der sie warnt, der ihnen den rechten Weg zeigt. Sobald sie Jona gehört haben, nehmen sie seine Botschaft an und bereuen, das sagt der Text. Der König bekennt als erster seine Sünden und verkündet eine Zeit nationaler Buße. Und alle Bewohner – jung und alt, Männer und Frauen, selbst die Tiere – erklären sich solidarisch und beten gemeinsam. Der Talmud zitiert Beispiele für ihren Sinneswandel. Sie bezahlen ihre Schulden, geben zurück, was ihnen nicht gehört, helfen und unterstützen einander.

Das Leben wird erträglich. Und man bedenke: obgleich sie vierzig Tage Zeit haben, ihr Leben zu ändern und die Katastrophe abzuwenden, warten sie mit der Buße nicht bis zum neununddreißigsten Tag, sondern beginnen sofort. Sie bereuen gleich am ersten Tag und nicht erst am letzten. Sollte man sie nicht loben, diese sogenannten gottlosen Leute von Ninive?

Auch die Seeleute haben wir zu streng beurteilt. Eigentlich sind sie doch höflich und hilfsbereit. Im Augenblick der Gefahr springen sie nicht etwa von Bord, um ihre Haut zu retten, sondern bleiben zusammen und versuchen gemeinsam, Schiff und Passagiere zu retten. Als die Lage bedrohlicher wird, entledigen sie sich ihrer Habe, ihrer eigenen Wertsachen, ihres persönlichen Besitzes. Als sie ihren lästigen Passagier schlafend unter Deck finden, hätten sie ihn ja auch beschimpfen können. Sie tun es nicht, ja sind nicht einmal zornig. Der Kapitän selbst macht sich die Mühe, ihn zu wecken, und zwar freundlich und sanft. „Ma lekha, nirdam?", möchte er wissen, „Wie ist es möglich, daß Ihr einschlieft?" oder „Was widerfuhr Euch, Schläfer?" Seine Stimme ist ruhig, höflich, beinahe poetisch. Eigentlich sollte er Jona an Deck und an die Arbeit schicken, tut es aber nicht. Ironisch fragt er ihn – und das ist möglicherweise die dritte Interpretation seiner Frage –, ob er hoffe, schlafend das Schiff vor dem Untergang zu retten. Dann, ernst werdend, bittet er ihn, zu seinem Gott zu beten. Als alle Gebete erfolglos bleiben, ziehen sie Lose, und die Rolle des Schuldigen fällt auf Jona. Keine Frage, das ist nicht die Schuld der Seeleute, es ist Schicksal.

Sie befragen ihn, und er erzählt ihnen seine Geschichte: wie er den göttlichen Auftrag zurückwies, wie er Gott im Stich ließ. Wiederum hätten vielleicht andere Seeleute ihn wegen Gefährdung ihres Lebens strafen können, aber diese tun es nicht. Auch jetzt noch sind sie nicht gegen ihn, erwägen nicht einmal die Möglichkeit, ihn loszuwerden. Nach seinem Eingeständnis machen sie sich wieder an die Arbeit und versuchen, das Schiff aus der Gefahrenzone zu steuern. Der Gedanke, Jona über Bord zu werfen, kommt nicht von ihnen, sondern von ihm selbst. Zunächst wollen sie nichts davon wissen. Wohl ist er ein Fremder und verantwortlich für diese gefährliche Lage, vielleicht sogar für ihren Tod, aber sie versuchen, ihm auszureden, sich vom Tod eine Lösung zu erhoffen. Müssen wir nicht die großmütige Gesinnung, die Vornehmheit dieser Männer bewundern, die in dem Rufe stehen, rauhe Gesellen zu sein?

Nun zum Meer. Nicht schuldig, nicht einmal der Bosheit verdächtig. Als Instrument Gottes kennt es seine Grenzen. Seine Funktion besteht darin, Jona an seine Pflichten als Mensch und Bote Gottes zu erinnern. Die See kann nicht unbotsam sein – ebensowenig wie der Wind. Sobald Jona das Schiff verläßt, beruhigt sich die See, sie hat keinen Groll gegen die Matrosen, nicht einmal gegen Jona. Die See tut, was sie tun muß, weil der Wind sie dazu zwingt. Auch der Wind hat keine Wahl: er wurde zu diesem Zweck geschaffen.

Das gleiche Argument gilt für den Wal. Er verschlingt den todessüchtigen Propheten und rettet ihn damit; er hätte ihn ja auch umbringen können, tut es aber nicht. Er hätte ihn noch länger gefangenhalten können, statt dessen setzt er ihn wohlbehalten an Land.

Was Gott betrifft, so hat Er sich selten so gerecht und barmherzig gezeigt. Er ist ohne weiteres bereit, Seinen eigenen Vertreter zu demütigen, um Ninive, die sündige Stadt, zu verschonen. Wenn Er grausam zu Jona ist, dann zu dessen eigenem Besten, um ihn zu lehren, wie wichtig Reue ist, ihm den Weg zur Menschlichkeit zu weisen, anstatt zu abstrakten absoluten Werten. Er lehrt Jona nicht zu leiden, sondern im Angesicht des Leides bescheiden zu bleiben. Gerechtigkeit muß menschlich sein, Wahrheit muß menschlich sein, Barmherzigkeit muß menschlich sein. Der Weg zu Gott führt über den Menschen, sei er auch ein Fremder oder ein großer Sünder. Natürlich hat Jona durchaus das Recht, mit Gott zu hadern, aber wir nicht. Wir sollten Gott dankbar sein, der wie ein Vater wohl Seinen ungeratenen Kindern droht, aber diese Drohungen nicht in die Tat umsetzt. So sollten wir in dieser Geschichte Gott als gut und barmherzig gegenüber allen seinen Kindern erkennen, einschließlich Jona. Er muß zwar durch Furcht und Schmerz gehen, doch dieser Preis ist gering für die Rettung eines ganzen Schiffes voller Menschen und dann einer ganzen Stadt.

Aber wer ist dann der Bösewicht? Wir haben Jona zwar vorhin zornig, selbstsüchtig und gleichgültig genannt, aber tatsächlich sucht er im Schlaf Zuflucht, weil er Schmerz und Leiden anderer Menschen nicht mit ansehen kann. Er findet es so unerträglich, daß er zu fliehen versucht. Weil er die Schrecken der Wirklichkeit kennt, läuft er davon. Als gütiger und barmherziger Prophet, Freund und Verteidiger der Menschen, erkennt er seine eigene Hilflosigkeit angesichts menschlichen Elends. Wenn er sich weigert, nach Ninive zu gehen, so nicht, weil er es zerstört sehen will. Ganz im Gegenteil: er will die Drohung nicht überbringen, so als ob er Gott sagen wollte: „Ich bin nicht einverstanden damit, wie Du Deine Welt regierst! Du sagst dem Menschen: sei gerecht oder geh zugrunde. Weißt Du nicht, daß diese Wahl unmenschlich ist? Du, der alles weiß, erkennst Du nicht, daß Leben Vielfalt und Synthese ist und nicht Polarisation? Daß Menschsein auch sündigen bedeutet und dann Reue und wieder Sünde und wieder Reue und immer wieder von vorne anfangen? Warum verurteilst Du

Ninive zum völligen Untergang?" Jona flieht Ninive aus übergroßer Liebe zu den Menschen. An diesem Punkt seines Lebens verdient er unsere Liebe und Zuneigung. Man stelle ihn sich in Ninive vor – ein Fremder unter Fremden, auf Straßen und Plätzen, von einem geheimnisvollen Impuls getrieben, immer wieder fünf oder sechs Worte ausstoßend, stets die gleichen: „In vierzig Tagen wird Ninive zerstört werden." Hier ist er, der Mann, der Bescheid weiß, der Mann, der die Zukunft kennt, und doch hält Jona keine Reden, schreibt keine Gedichte und verfaßt keine Litanei, nein, er wiederholt nur immer die gleichen fünf oder sechs Worte. Er weiß, wenn das Leben einer Gemeinschaft in Gefahr ist, sind weder Philosophie noch Kunst gefragt. Seine Angst ist jetzt noch größer als in dem Bauch des Wals. Sein eigener Tod schreckt ihn nicht, wohl aber der Tod anderer.

Jawohl, Jona tritt auf als Sprecher der Menschheit im allgemeinen. Als wahrer Prophet will er, getreu der Tradition, nicht nur als Bote Gottes den Menschen und Israel dienen, sondern auch umgekehrt als deren Sprachrohr vor Gott. Gezwungen, zwischen Gott und Israel zu wählen, wählt er Israel, auch wenn das seine Bestrafung bedeutet. Er will Israel kein Leid zufügen, sogar wenn Gott selbst es befiehlt.

Sein seltsames und herausforderndes Benehmen zeigt, wie innig er mit seinem Volk verbunden ist und sich engagiert: obgleich er Prophet ist – und Worte sprechen muß, die nicht seine eigenen sind –, verweigert er die Aussage, will die Wahrheit nicht enthüllen, wenn sie geeignet ist, Ansehen und Sicherheit seines Volkes zu schädigen. Das Volk von Israel ist in Gefahr – es war immer in Gefahr –, und Jona hält den Augenblick nicht für geeignet, sein politisches Vorgehen zu kritisieren, seine Entscheidungen in Frage zu stellen, denn dadurch würde rückwirkend die

Feindseligkeit gerechtfertigt, die es bei anderen Völkern hervorruft.

Wer könnte jetzt nicht mit Jona fühlen, diesem mutigen und großartigen Propheten? Er flieht, aber sein Herz bleibt bei seinem Volk.

Was bedeutet die Geschichte? Was lehrt sie uns? Warum müssen die Juden sie jedes Jahr während der Jom-Kippur-Feiern wiederholen? Zwei Hypothesen, zwei Hauptthemen:

Die erste: Die Betonung liegt auf Reue, die von Anfang an im Vordergrund jüdischen Denkens stand, seit Adam und Kain. Anders als die griechische Mythologie verwirft das Judentum den Gedanken des Fatalismus. Das Schicksal ist nicht unerbittlich, Entscheidungen sind nie unwiderruflich. Der Mensch ist kein Spielzeug, der in vorbestimmter Weise funktioniert, seine Verbindung zur Unendlichkeit sichert ihm den Zugang zu unendlich vielen Möglichkeiten. Der Gang des Schicksals kann aufgehalten werden, sein Sieg liegt nicht von vornherein fest. Mit anderen Worten, der Kreislauf von Verbrechen und Strafe kann unterbrochen werden, ehe er sich vollendet. Das Böse kann abgebrochen, abgewendet, kann besiegt werden, mehr noch, es kann verändert werden, kann zahllose Umwandlungen durchmachen, wenn man bereut. Es genügt, wenn der Mensch sich aufrafft und sich sagt: „Genug, ich muß umkehren, ehe es zu spät ist", und alle bösen Verfügungen werden aufgehoben. Darum geht es im Buch Jona, das will es uns lehren.

‚Teschuwah' – Reue – bedeutet ein sich Bewußtmachen, ein Gewahrwerden, den Willen, sich zu entscheiden und für die Zukunft Verantwortung zu übernehmen. Die Vergangenheit kann man nicht mehr ändern, aber man hat die Kraft, die Zukunft zu gestalten. Es hängt alles vom einzelnen und der Gemeinschaft ab; sie können, wenn sie wollen, das Schicksal durchkreuzen und frei wählen. Jonas Lektion lautet: Nichts ist festgeschrieben, nichts besiegelt: selbst der Wille Gottes kann sich ändern. Selbst die vorgesehene Strafe kann ausgesetzt werden. Hier liegt die Schönheit und Größe jüdischer Tradition: Jedem Menschenwesen wird eine weitere Chance gewährt, eine nochmalige Gelegenheit, das Leben von vorne zu beginnen. Genau wie Gott die Macht hat zu beginnen, hat der Mensch die Macht, weiterzumachen, indem er immer wieder neu beginnt. Das zweite Thema ist die Allgemeingültigkeit der jüdischen Botschaft. Jona ist nicht der einzige Prophet, der im Namen Gottes zu anderen Völkern spricht, andere haben das vor ihm getan. Aber Jona ist der einzige, dessen Mission ausschließlich anderen Völkern dient. „Geh nach Ninive", sagt Gott. Nur nach Ninive, nicht nach Jerusalem, noch nicht einmal nach Jaffa; er segelt nach Tartessos – von Jaffa aus.

Jonas Aufgabe ist es, Gottes Wort den Nichtjuden zu bringen, ohne sein eigenes Volk aufzugeben, seine eigenen Erinnerungen, seinen Glauben zu verraten. Mit anderen Worten, er soll die Nichtjuden lehren und doch Jude bleiben. Mehr noch, gerade als Jude soll er die Heiden lehren. Je jüdischer der Dichter ist, desto allgemeingültiger seine Botschaft, je jüdischer seine Seele, desto menschlicher seine Prinzipien. Ein Jude, der nicht mit seinem Volke fühlt, nicht an seinen Sorgen und Freuden teilhat, kann nichts für andere Völker empfinden. Und ein Jude, der ein Herz hat für seine jüdischen Mitmenschen, hat immer auch ein Herz für das Schicksal anderer Völker.

Erinnern wir uns an den Dialog zwischen Jona und den Seeleuten. Sie fragen ihn: „Wer bist du? Was ist dein Geschäft?" Er antwortet: „Ich bin Jude und fürchte Gott, der Himmel und Erde gemacht hat." Mehr sagt er nicht, das genügt. Ohne das geringste Zögern bekennt er sich zu seinem Judentum. Er versteckt sich nicht hinter falschen Vorspiegelungen. „Ivri anokhi", sagt er, „ich bin Jude, und als solcher sage ich euch, daß man Gott fürchten muß." Dieses Gespräch entbehrt nicht eines gewissen Humors. Die Matrosen fragen Jona, was er tue, und er sagt ihnen, wer er ist. Aber Jona hat recht. Jude sein heißt: handeln, die Meinung sagen und einen Standpunkt beziehen. Heine hatte unrecht: Jude sein ist kein Unglück. Es ist nicht einmal ein Problem. Es ist eine Philosophie der Tat.

Als Jude fühlt sich Jona in der Lage und stark genug, der Welt entgegenzutreten und ihre Zukunft zu beeinflussen. Er ist überzeugt, als Jude habe er den Völkern dieser Erde gewisse Dinge zu sagen, er habe sowohl das Recht wie die Pflicht zu verkünden: „Wenn ihr euch nicht ändert, wenn Ninive nicht aufhört, Jerusalem zu hassen, wird dieser Haß die Grenzen überschreiten, und Ninives Welt wird in Trümmer fallen."

Wir verstehen Jona auch in unserer Zeit. Er weiß, die Menschen sind böse, er weiß, sie verdienen Strafe, er weiß auch, daß Gott strafen kann. Ninive hat Israel viel Unglück zugefügt; Jona, der Jude, hätte vielleicht gerne Rache und Vergeltung verkündet. Aber paradoxerweise ist es Jona, der Jude, der Ninive schließlich rettet, genau wie unsere Generation vielleicht aufgerufen ist, eine Welt voller Schuld zu retten. Nur wenn die Welt daran erinnert wird, was sie dem jüdischen Volk angetan hat, kann diese Welt davor bewahrt werden, die Katastrophe selbst auf sich herabzuziehen. Jona erscheint also als beispielhafter Humanist und Pazifist. Vom Leben gebeutelt, von Gott erniedrigt, denkt dieser Anti-Held auch dann, wenn er sich und andere der Verzweiflung anheimgibt, zunächst an andere und erst dann an sich. Er wählt das Leben, sei es auch voller Ängste, um andere vor dem Sterben zu bewahren.

Wenn alles gesagt und zu Ende gebracht ist, erscheint als wirklicher Held der Geschichte eine kleine unbedeutende Pflanze; der Rizinusstrauch ist beides, Held und Opfer. Er kommt in diese Welt nur um zu sterben, sein schnelles Dahinwelken soll nur Beispiel sein. Die Pflanze taucht auf und verschwindet. Sie stirbt dahin, um einer fernen Stadt namens Ninive Licht und Leben zu bringen. Gott empfindet kein Mitleid mit der Pflanze, nur Jona, was wir aber nur indirekt erfahren. Jona spricht es nicht aus, dafür sagt es Gott, und Ihm müssen wir glauben, nicht wahr? Jona rührt uns an. Er, der soviel Leid in der Welt gesehen hat und noch größeres voraussahnt, weint wegen einer kleinen Pflanze, die ihm Schutz gewährte.

Ein Mensch, der Mitleid mit einer Pflanze hat, kann auch Menschen gegenüber nicht unempfindlich sein. Das Problem liegt eher darin, daß Jona zu sensibel ist. Er will nicht den Untergang Ninives, aber auch nicht sein Fortbestehen auf Kosten Israels. Es ist ehrenwert, die Menschheit zu lieben, aber nicht, wenn es Israel schadet. Ist damit Jonas Todessehnsucht zu erklären? Will er sterben, weil er den inneren moralischen Konflikt nicht lösen kann, seine Liebe zu den Menschen mit seiner übergroßen Liebe zu seinem Volk in Einklang zu bringen? Zeigt Gott ihm das tragische Schicksal der Pflanze, um ihm letztendlich vor Augen zu führen, daß alle Dinge zusammenhängen, daß man Erbarmen mit Ninive und dem Rizinusstrauch haben muß, daß die Liebe zu anderen Völkern immer über das eigene Volk gehen muß und nie losgelöst von diesem?

Praktisch gesehen und angesichts der heutigen Ereignisse ist das weder leicht noch einfach. Also was tun? Wer hat je behauptet, die Suche nach Wahrheit sei oder könne einfach sein? Das Buch Jona liefert den Beweis, daß nichts je einfach sein kann. Alle handelnden Personen stolpern über ein Hindernis nach dem anderen, und doch suchen sie weiter, lieben und leben weiter und vergessen nicht. Alle haben eine Aufgabe, die sie schließlich auch erfüllen. Am ergreifendsten ist eigentlich das Ende des Buches, d.h. eher das nicht vorhandene Ende. Gott deutet auf die tote Pflanze und stellt Jona die berühmte und unfaire Frage: „Du hast Mitleid mit der Pflanze, und Ich soll nicht Mitleid mit Ninive, seinen Bewohnern und Tieren haben?" Auf diese Weise erfahren wir, daß Jona tatsächlich Mitleid mit dem Rizinusstrauch fühlte.

Falls Jona Gott eine Antwort gab, so ist diese Antwort nicht überliefert. Das Buch endet mit den Worten Gottes, was ganz natürlich ist: Gott sorgt dafür, daß Er immer das letzte Wort hat. Aber – und das ist bedeutsam und zutiefst anrührend – das Buch schließt mit einer Frage. Wie viele andere heilige und ewiggültige Bücher gibt es, erleuchtete und erleuchtende, deren letzter Satz weder eine Behauptung noch ein Befehl ist, auch keine bloße Feststellung, sondern ganz einfach eine Frage?

Quellen

Mischna
Talmud Bavli
Talmud Yerushalmi
Midrash Rabba
Midrash Tankhuma
Midrash Eikha
Louis Ginzburg: Legends of the Bible
André Neher: Jérémie
André Neher: L'Essence du Prophétisme
André Neher: L'Exil de la Parole
David Daiches: Moses
Nahum N. Glatzer: Essays in Jewish Thought
E. E. Urbach: The Sages – Their Concepts and Beliefs